SHODENSHA
SHINSHO

大人処女

——彼女たちの選択には理由がある

家田荘子

祥伝社新書

はじめに

東京2020オリンピック・パラリンピックが開かれるすこし前、私は、ダブルワークをしている介護職の女性へのインタビューをしていた。今は閉店してしまったが、その場所は池袋《いけぶくろ》の個性的なバーで、私はその店の奥座敷を借りて取材をしていた。

取材対象の女性は、ママの知り合いだった。その店をはじめて訪れた人はまず、超過激で華《はな》やかな内装と、淫靡《いんび》な室内装飾の数々に目を剝《む》く。そこには何人かの男女が働いていた。

肌を露出した過激な服装をコスプレのように着こなしている従業員が多かったが、そのなかで目立っていたのが、清楚《せいそ》なファッションをした20代の女性だった。フレアーっぽい柔《やわ》らかなスカート姿など、赤と黒が基調のこの店内で見かけたことはなかった。彼女の名前を梓《あずさ》さん（仮名、第二章）といった。

以来、私は取材でその店を訪れるたび、彼女の姿を探していた。

まもなくして、

「あの子は、まだ（男性経験が）ないのよ」

と、ママから知らされた時の驚きといったらなかった。場所《ここ》は、駅から近い大歓楽街・池袋。個性が強く、恋愛や出逢いも自由で超明るい雰囲気の店で働きながら、梓さんは染まっていない——感心するのと同時に、疑問が私の頭から離れなくなった。

なぜ梓さんは男性未経験なのだろうか。きれいで肉感的な外見だけでなく、声もかわいく優しそうな梓さんが、男性経験がまだだったとは……⁉　これまで、いくらでも機会があったと思うのに……とは思っていたが、梓さんとそれほど話をする機会もなく、聞かずじまいだった。

実は私には、それ以前から気になっていたことがあった。それは高齢者の恋愛について取材をしていた時のことだった。現場では、独身男性や交際歴のない男性が、年々増えてきているように感じられた。

国立社会保障・人口問題研究所（社人研）がほぼ5年に一度行っている「出生動向基本調査」によると、30〜34歳の未婚男性の38・9％、同女性の33・9％が「異性との交際経験がない」と回答していた。また、30〜34歳の未婚男性の37・2％、同女性の44・4％が性交体験がないという（2021年6月、18歳以上55歳未満の独身者を調査、有効票数7826）。

2023年現在、「少子化」という言葉をテレビで聞かない日がないほど、少子化対策に政府が力を入れている。2022年に誕生した新生児が、80万人を切ってしまったのも原因のひとつだった。岸田文雄《きしだふみお》首相は「異次元の少子化対策」と、違和感のある名称で少子化対策をさかんにアピールしている。

少子化問題は、とても大事なことだが、実は結婚や出産以前に、「結婚や恋人に興味を持たない男性・女性が年々増えてきている」ことも注目すべき事実ではないかと、私はずっと思ってきた。

今だったらとんでもない女性差別だが、かつて未婚女性は、クリスマスケーキによくたとえられた。「12月24日（歳）はとてもよく売れるが、25日（歳）は売れ残り」と言われ、結婚を急ぐ人が多い時代だった。20代後半になると、親が「結婚」についてうるさくなり、それがイヤで、多くの人がお見合いを繰り返したり、シングルでいると会社で「お局様《つぼねさま》」など陰口を叩かれ、公然と差別を受けたりしていた。

しかしながら、時代はようやく変化し、人権や、ひとりひとりの思いが尊重されるようになってきた。

今、私たちは周りに惑《まど》わされず、自分で人生を選択できる自由と責任を与えられつつある時代に生きている。ひとりひとり、人の数だけ違った人生を歩み、それが尊重されるように、徐々にだが変わってきた。

だから「交際経験がない（少ない）」や、「性交渉を持たない」という人々も、けっして受動的ではなく、自《みずか》ら選んだ生き方をしていると言えるのではないだろうか。

かつて日本は、とかく「皆と一緒」であることが安心であり、目立つと叩かれたり抑えつけられたりするような社会だった。ところが令和の今、まだ息苦しさは完全消滅したわけではないけれども、皆と一緒でなくても、自分の生きたい道を歩むことが許される社会にすこしずつすこしずつ変わってきている。

では、なぜ「人と交際しないのか」。なぜ「性交渉を持たないのか」……。

梓さんに出逢って以来、私の興味は、どんどん「そういう人生を選択した」女性たちの生《い》き様《ざま》に惹《ひ》かれていった。

子供のいる家族と比べて、「性交渉を持たない」「ひとり生活を大切にしたい」人たちは、少数派ではある。けれども、実は静かに増え続けてきた。最近は、それを肌で感じられるようになり、これからはもっと増えていくことだろう。

20代ではまだ周りの人や、恋愛感情に流されてしまう可能性がある。だからこそ、30歳以上の「大人の女性」たちに直接会って、「しない」「してない」「20代はしなかった」という選択をした人生について、話を聞いてみたいと思った。

今の時代、未婚者で交際を望まない人々は、「自由」「生きがいとなる趣味がある」「ひとりは寂《さび》しくない」など、自分の生活スタイルを大切にしている人々であると、出生動向基本調査でも顕著に表れている。彼女たちは、どんなことを考え、どんな決心や選択をして、どんな経験をして今に至っているのだろうか。

どんな答えが出てくるのか、想像の域を超えている内容だけに、私の取材への思いがどんどん熱くなっていった。

しかしながら、この一連の取材をすることは、今まで私が長年、風俗や不倫、売春や犯罪などを取材してきた「する」人たちの反対側、「しない」人たちにあたる。その人脈がないところから始めることになった。また3年にわたるコロナ禍も加わり、行動制限などもたびたびあって、順風満帆には進んでいかなかった。

そういう社会状況でありながら、笑顔で取材に協力してくださった女性たちは、やっぱり「波あり風あり壁あり」を乗り越えてきた人々だった。自分と、その人生を愛《いと》しく思い選択した彼女たちの「汗と涙と笑い」ある生き方は、きっとあなたにポジティブな何かを与えてくれることと、私は期待を寄せている。

2023年7月

家田《いえだ》荘子《しょうこ》

目次

第二章 梓さん——結婚前も結婚後も、性交渉のない夫婦生活

第五章 シェリーさん――男性よりも、恋よりも、研究が大事

第八章

真衣さん――30人と「試し」てもだめだった……

第九章

敦子さん——恋愛も性も、私には必要ない

本文デザイン　盛川和洋
本文ＤＴＰ　キャップス

第一章

ひとみさん

――どうしても入らないので、高級愛人紹介所に

高級愛人紹介所に応募

東京・銀座《ぎんざ》の高級クラブ街のすぐ近くに、男性の入会金100万円という高級愛人紹介所「銀座ワンアンドオンリー倶楽部」がある。そこに入りたいと訪ねてきた女性が、ひとみさん（仮名、32歳）だった。

その倶楽部には、モデルや女優、CAなど、すれ違ったら振り向きたくなるような姿と共に上品な美しさを備えた女性が大勢登録しており、セレブな男性たちに大切にされている。女性には入会金がかからない。そのかわり、入会審査がとても厳しい。私は前々から取材で知っていたが、「すごくきれいな女性」と私が思う人でも、簡単に落とされてしまう。

ひとみさんは面接で、

「見た目はちょっとダメだね。鎖骨《さこつ》が出るくらい痩《や》せなよ」

と、オーナーに言われたそうだ。

私の前に座るひとみさんは、丸《まる》の内《うち》で働く女性にふさわしく、細部までおしゃれが行き届いていて、清楚で、一緒にいるだけで気分がよくなるくらいステキな女性だ。

肩下までまっすぐに伸びた茶色がかった髪はツヤツヤと整い、鼻が高く、顔の作りすべてが小作りで、品がある。まさに知的美人だ。それでもプロから見ると、合格点を渡せないのだろうか。会員の男性に気に入られた女性のほとんどが、華やかな衣食住と愛に満足できる日々を過ごしている。

ひとみさんがこの倶楽部に応募したのは、「お金」が目的ではなかった。

「年上の方なら、痛くなく（初体験を）していただけるんじゃないかと期待して入ったんですよ」

白い美しい歯を見せて笑うひとみさんは、実は男性未経験の32歳の会社員だった。

「外見はちょっと微妙だけど、中身は良さそうだから、1人紹介してあげるよ」

と、オーナーがその場で電話をして、紹介をしてくれたのが、東京でアパレル会社を経営する40代の社長だった。

鼻からスイカを入れるくらい痛かった

まずは、なぜ高級愛人紹介所にまでお世話にならなくてはいけなくなったかについてだが、どうやらひとみさんの10代の頃の家庭に発端があったようだ。

ギャンブル好きな父親（69歳）は、ギャンブルで負けると家族に当たり散らしていた。それだけでなく借金も作っていた。病弱な母親（64歳）は、いいところ出身のお嬢様だったが離婚後、ひとみさんと、6歳年下の弟とを女手ひとつで育て上げた。

「父親がいた頃は毎日、学校から家に帰るのがイヤでした。お金を使い果たして借金をしてまでギャンブルをしては暴れる父親を見てきたので、男性に対して素直に100％信じられないっていう気持ちがあるのかもしれません。どちらかというと、怖いというか……」

ひとみさんは急に声を潜《ひそ》めて言った。

ひとみさんが10代の頃に、心のどこかに男性に対して抵抗を持ってしまったのは、他にも原因と思えることがある。

ひとつは、小学校4年生の時のことだった。初潮を迎えたひとみさんは、クラスでも早いほうだった。そのため、担任の女性教師が「隣のクラスのAちゃんが一番はじめに（生理に）なったから、その子に聞くといいよ」とひとみさんに勧《すす》めた。それでAちゃんと仲よくなったのだが、彼女は「ほぼ大人の女の人みたいな体で胸もすごく大きくて、高校生の男の子とつきあっていたり、いろんなことにおいて早熟」な女の子だった。

「小4の秋に学校帰り、すごい流行してたプリクラを撮ろうと、Aちゃんと並んで待っていた時に、『誰にも言っちゃだめだよ。この間、高校生の男の子とつきあってるって言ったじゃん？　実はね、しちゃったんだよ』と言われたんです。『何を？』と聞いたら、『エッチ』って。えぇぇぇぇぇぇぇぇー！　ちょっと悪いことなんじゃないかって思うじゃないですか」

Aちゃんは、

「すごい好きな人だし、その人が私のはじめてになるならいいと思って」

と嬉しそうに、ひとみさんに言った。しかし、

「この間、私、学校を2日休んでたじゃん？　ものすごい痛すぎて歩けなくなっちゃったから休んでたんだよ」

と、告げたのが、ひとみさんには衝撃的すぎて、「怖い」という烙印が心に押されてしまった。

輪をかけるように、雑誌の特集記事が恐怖の烙印を増やしていった。ひとみさんは「なかよし」や「りぼん」「セブンティーン」などティーンの人気雑誌の愛読者だった。それらには、初体験の特集がたびたび載っていた。ひとみさんは、それらをしっかり読んでいた。

「ある時、『セブンティーン』に初体験の体験談がたくさん載っていて、『痛かった』と答えた人が80％もいたんです。コメントのなかに『鼻からスイカを入れるくらい痛かった』とあって、そんなの無理ってことじゃん！　って思ったんです。Aちゃんの2日間休んだ話と、スイカの話から、痛くて怖いものなんだってイメージがしっかりついちゃって……」

ひとみさんは、真顔で言った。実は、それだけではなかった。

男性がイヤになっちゃったんです

ひとみさんは県立の進学校に入学した。1クラス40名の生徒は、ほぼ男女半々。なぜか身長の高い生徒が多いクラスで、156㎝のひとみさんは一番小さかった。そこで体育の柔道の授業の時、組める小さな体の生徒がいなかったため、いつも30歳くらいの若い体育教師と組み手をすることになってしまった。

「おじさん先生なら気にしなかったかもしれないけど、若くて体臭もあって……。『僕と一緒にやりましょう』って股を組むと、思いっきり当たって痛くて危機感があって、イヤでイヤで、余計に男性がイヤになっちゃったんです」

悪い原因はまだ続く。高校生になると、周りで（男性）経験する人が増えてきた。ひとみさんの仲のいい友達もそうだった。ところが、

「するたびに痛くて、ずーっと血が出るようになっちゃったって言うんですよ。全然気持ちよくないけど、彼氏がしたがるからしょうがないって、毎回血を出してでも（セックスを）しているんです。婦人科へ行っても、異常がどこかわからないって言われたそうで。そんなの絶対ヤダ！　怖い！　って思っちゃいました」

その友達は、29歳の時に結婚をし、32歳になった今でも出血していて、未だに「気持ちよくない」「ほんとストレスですごいヤダ」と言っているそうだ。

こういった10代の時の見聞から、ひとみさんはいつのまにか男性に対して、怖さや抵抗

を持つようになってしまったのだ。

ソフトな美しさを感じさせるひとみさんが、絶対男性にモテないはずはない。小学生の頃から、きっとひとみさんに好意を持つ異性はいたはずである。それくらい、顔も声も仕草もかわいい。なのに、アプローチがほとんどなかったのは、ひとみさんの真面目《まじめ》すぎる性格が原因らしい。

「私、地味な真面目タイプでした。校則の厳しい高校で、私だけがきちっと守っていました。制服のスカートは、膝からくるぶしの中間という校則をしっかり守ってたし、自転車に乗る時も、私1人へルメットを被《かぶ》ってましたから。『一緒にいて恥ずかしい』とまで、皆に言われてました。でも出血を繰り返している子とか、私のお友達はヤンチャなおしゃれさんで、皆はっちゃけた感じの子なんですよ」

ひとみさんは、奇特な存在だったに違いない。だから、友達から男の子を紹介されるという機会もまったくなかった。友達の影響も受けず、ひたすら真面目に高校生活を送ったあと、ひとみさんは、スカラシップ入試で私立大学の経済学科に入学した。奨学金の借金はできるが、学費の支払いの心配がいらない大学を選んだのは、ちょうど大学受験の時期に両親が離婚したからだった。「私がお母さんを支えなきゃ」と思って、ひとみさんは、負担のない進学をしたそうだ。

幸運なことより、ついていないことのほうが多かったように思えるひとみさんの青春10代時代だが、入った大学は男性9、女性1の割合で、男子学生を選び放題、恋愛にもってこいだった。ところがひとみさんは、

「男性と、ほんとに喋《しゃべ》んなかったですね」

変わらず消極的な10代を送っていた。病弱な母親からの仕送りがないため、ひとみさんは、大学に行かない時間は、国語と英語の家庭教師と塾の講師のバイトだけでは足らず、コンビニのバイトもして生活費を稼いでいた。

そんな典型的な苦学生のひとみさんに、ついに春が来た！

真顔で押し倒してきた彼

相手は同い年の帰国子女で身長183㎝、「ジャニーズ系のすごくかっこいい」慶應義塾大学生B君だった。家族はアメリカ在住で、B君だけ高校1年生の時から日本でひとり

暮らしをしている、いわゆる「お坊ちゃん」だった。その彼と塾講師のアルバイトのオリエンテーションで出逢い、つきあうことになった。

週2、3回は会って、映画を観たり食事に行ったり。また彼がひとみさんについて来て一緒に大学で授業を受けたりと、まさに恋人のつきあいをしていたが……。

「手を握ったりはあったんですけど、なんかちょっと……。正直ちょっとキスも苦手なんですよね」

「でも、キスはできた？」

その先を聞きたくて私が急《せ》かしてしまうと、ひとみさんは下を向いた。

「ディープキス……。そういえばされましたね。その時は受け入れたけど、私、人に近づくってことが未だに苦手なんですよね。どうでもいい男性だと全然平気なのに、好きって思っちゃうと、何から何まで恥ずかしくなっちゃって、とにかく見られるのが恥ずかしいんです」

心細い声を出して言った。

B君は、高校時代に「経験済み」だった。かっこよくて、顔もよく、イケイケのB君が、ひとり暮らしのひとみさんの部屋で、手だけつないで一緒に眠ったという。

「『その先はイヤ！』って言っちゃって。けっこう強く私が拒否してたんです。『はじめは痛いかもしれないけど、大丈夫だと思うよ』って何回も言われました。思わず私『イヤだって言ってんじゃん！』って、ちょっと怒っちゃったんですよね。私はB君のこと、すごい好きだったんですけど、とにかく怖くて怖くて、なんか踏みきれなくて……」

それにしても、B君はよく我慢できたものだと私は感心してしまう。しかし、その我慢も長くは続かなかった。

「彼が私の部屋で話をしている時、いきなりB君が爆発したみたいに、真顔で私を畳の上に押し倒してきたんです。『もうやっちゃえ』みたいに上に乗っかられて……。怖くなって、それで本当に『イヤだ——！』って、けっこうガンって押しのけちゃったんです。そしたら『帰る』って、帰っちゃった。（あ、どうしよう……。帰っちゃった）。ガンってやりすぎたなって思ったんですけど、そこから1日に3、4回あった電話もメールも少なくなって、疎遠になっていって……」

ひとみさんの声は、だんだん力がなくなっていった。

「別れよう」とB君から言われたのは、彼の爆発から2週間後だった。

ならば、なぜB君を引き留めなかったのか。

「その時もまだ彼のこと、好きでした。私が『別れたくない』って言ったら、『じゃあ、する?』っていう話になると思うし。それは無理。もうちょっとB君が気長に待ってくれたら、一生しないってわけではないんだけど……と思ってました。ただ私は、人のイヤがることは絶対しないようにしようと思っているので、相手から『別れよう』と言われたのに、私が『イヤだ』とか『別れたくない』って言うのはわがままだし、私が拒否をし続けてしまったから、しょうがないか……っていうか」

ステキな恋は、1年足らずで終わってしまった。ひとみさんはその後、半年はB君のことを引きずっていた。

「B君のこと、好きは好きだったので、できないというだけで別れなきゃよかった。もうちょっと自分が歩み寄ればよかったとも思いました。それからは、誰ともおつきあいせずに大学時代が終わっちゃいました。大学2年の時、同じ大学の人から一度だけアプローチはあったんですが、おつきあいするまでに至らずに……」

周りの大学生には皆、彼氏がいた。休日は皆が彼氏と過ごすので、ひとみさんは放っておかれる。

「私は家庭教師のアルバイトに専念して……寂しい！」

肩に触れる髪を耳にかけなおして、ひとみさんは苦い笑いを浮かべた。

大学生がよくやる合コンにも、たとえ誘われても一度も参加せず、ひとみさんはひたすらアルバイトをしていた。

「私、少人数の友達と会って話すのが好きなんです。未だに合コンって1回も参加したことなくて。合コンって、知らない人が半分はいるから緊張するだろうし。大人数だと私は、いつのまにか蚊帳《かや》の外に出てるので、友達に誘われても行かなかったです。アルバイトしかない地味な学生生活だったけど、いろいろやっておけばよかったなって、今は思います」

友人たちは、ひとみさんはB君以降、彼氏がいず未経験ということも知っていたが、それに関してはうるさく言わず、「まぁ無理しなくていいんじゃない？」程度しか触れなかった。しかし、ひとみさんは心に決めていた。

「社会人になっておつきあいをする人ができたら、とりあえずはしてみよう」と。

早く処女を捨てたくて……

ひとみさんは新卒で、社員300人くらいのメーカーに就職した。男性が圧倒的に多い会社だった。ひとみさんの仕事は入社以来、ずっと事務職だった。事務職員は50人ほどいるが、ほとんどが男性、しかも50代だ。

穏やかで真面目な日々が過ぎていくなか、入社2年目、23歳の時、ひとみさんは廊下で時々すれ違う5歳年上のイケイケドンドン系営業マン・Cさんに、いきなり「つきあっている人いるの？」と声をかけられた。ひとみさんが誠実に、

「いないです」

と答えると、

「よく廊下ですれ違ってたけど、なんかいいなと思っていたから、つきあってくれます？」

と、グイグイ押してきた。

「私、早く処女を捨てたくてっていうのもあって……。それさえ乗り越えられれば、恥ずかしがる性格も直って、また人生違うんじゃないかなって思ってたんです。それで、2回目のデートで……。焼肉食べ終わった時に『今日、まだ時間あるの？　一緒に泊まろうよ』って言われました。興味はすこしあったので……」

その時、ひとみさんは、

「私、実は1回も経験がなくて、もしかしたら痛がるかもしれないし、めんどくさいことになるかもしれないんですけど……」

と、誠実な前置きをしておいた。

「全然大丈夫だよ」

イケイケドンドンのCさんは、それほど未経験を重く受け止めておらず、甘く考えていたようだった。

2人は新宿《しんじゅく》のラブホテルへ入った。

「何でも経験だと思って、お風呂に入って、すごいしっかり洗って……。なんかもう（ほんとにどうしよう。どうしよう。ほんとにするの？）と、グルグル頭のなかで回ってました。結局、（とりあえず頑張る！）と自分に言いきかせてお風呂から出たら、C君が『ちょっと長かったね』ってベッドで待っていました」

ひとみさんは、ここまで照れ笑いをしたり、焦《あせ》ったり、顔を冷や汗でテカらせたり……とにかく落ち着きを失っていた。あの時もこうだったのかもしれない。

いよいよ彼の愛撫が始まった。ひとみさんはここから先も、恥ずかしそうに斜め下を向きながら、それでも誠実に喋らなくてはいけないと思っているらしく、一生懸命話をしてくれた。

「本当に緊張してたので、全然濡《ぬ》れませんでした。入れるって言っても、先っぽをツンツン……って」

そこでひとみさんは一度言葉を切り、頬をピンクに染めて下を向いた。白い付け爪の指を左右からめてイジイジしている。中指のオレンジ色のシンプルな指輪が白い手によく似合っていた。誠実な性格だから、やっぱり喋らなくてはと思ったようで、また話を続けた。

「3回試したんですよ。でも、入口のところで痛くて入らないんです。ほんと泣くぐらい痛くて。1時間ぐらい頑張ってくれたのに、ダメでした。それでちょっと微妙な空気になっちゃって……。C君は、『今日ははじめてだし、これぐらいにしとこう』と言ってくれたんですね。私ももうやめたかったから『すいません』って言ったら、C君も『はじめてだから、しょうがないよ』って、イヤな感じもまったく態度に出さないでいてくれました」

もう私のことはいいですから

しかし、二度目の挑戦は、すぐにやって来た。一度目からわずか1週間後だった。

「そういう流れでいこうと事前に言われてたので、私も今度こそは頑張ろうと、気合いを入れて、食事のあとにラブホテルへ行きました。2回目は、ちょっと慣れた感じもあってすこし……」

ここでひとみさんは恥ずかしそうに話を切って、とまどっていた。それでも、一生懸命に話そうという姿勢がうかがえた。

まもなくひとみさんは言いにくそうにだが、話を再開させた。

「すこし……反応できたんですけど、いざとなると全然。正常位で入れようとしても痛くて痛くて。ほんと冷や汗が出てきちゃって、（こんなの入るわけないじゃない！　絶対無理！）って。彼も私がすごい痛がってるのがわかるから、だんだん元気がなくなってきて、40分くらいやったんですけど、『ちょっと今日、仕事でも疲れたし、僕も無理っぽいから、寝よう寝よう』って言われました」

ここまでひとみさんは一気に言った。ツルツル肌の顔が上気している。ひとみさんは、ブラックコーヒーを一口、喉《のど》に流し込んだ。

この大事な局面に、またしてもひとみさんは誠実ぶりを発揮して、余計かもしれなかったことをCさんに言ってしまう。

「寝ようと言われて私、（あ、ちょっとやばいかな？　ちょっとめんどくさがられてきちゃったかな？）って感じ取ったんです。彼のこと、好きという気持ちはあったんですけど、それより申し訳ないって気持ちのほうが強くて『あんまり私のことが、めんどくさいようだったら、もう私のことはいいですからね』って言っちゃったんです。彼は、『そんな小さい男じゃない』って笑いながら言ってはくれたんですが……」

Cさんの気持ちを象徴するかのように、次のデートの誘いまで、偶然か作為的か2週間、間《あいだ》が空《あ》いた。3回目のデートは土曜日。映画と食事だけで、「じゃあ、そろそろ帰ろうか」と、お泊まりなしの手さえつながないデートだった。

「ああ、やっぱり無理だと思われたんだだなと思いました。次、またイヤな雰囲気になったら、今度こそきっと終わるだろうなって覚悟を決めました。もし、またできなかったら、もう私のことはいいってきっと言いそうだし……」

次は1週間後にやって来た。2人はいつもの新宿のラブホテルへ入った。

「(前戯が)始まってから、私『埒《らち》が明かないから、今日は痛がってもしてくれちゃっていいです』って言ったんです。『じゃあ、ほんとにいいんだったらそうするよ』って彼も言って始まったんですが……」

「今度こそ」「今日は大丈夫」。ひとみさんは何度も何度も自分に言いきかせていた。体は反応できた。そして……ひとみさんは、ため息をひとつついてから話を始めた。

「ほんとに痛くて……。でも全然入ってなくて、ほんとに先っぽだけらしいんですけど、グッといった時にウッ！　って今までの5倍くらい痛くて、冷や汗がすごくて、勝手に涙が出てきちゃって、（先っぽでこんだけ痛いんだから、全部入れたらどうなっちゃうんだろう）私『やっぱり無理です』って大泣きしちゃいました。悲しくて「あれはどうしたら入るんでしょうか？」って、人に聞いて歩きたいくらい。私はもうできない人だからと『本当にすみません』って謝りました」

彼は、「全然気にしなくていいよ」と言いながらも、「やっぱダメか……」と力を落としていた。

「人生って短いですよね。私と過ごす時間が彼にとって、もったいないと思ったから、1分1秒でも早く私と離れたほうがいいんじゃないかって思っちゃって、『私といると、無駄な時間になってしまうと思うので……』と言ったんです」

確かにひとみさんの性格は、シンプルではなく、自分で言うように「めんどくさい」というか、手間がかかる。ひとみさんの考えすぎだと、私は話を聞きながら思ってしまった。若い彼には、ひとみさんの言葉の裏までも思いやってあげる心のゆとりはなかった。

「そんな無駄な時間なんてことはないけど、君はすごい僕から離れたそうだし……。わかった」

と言って、彼は早々に帰り支度を始めた。その夜は泊まらず、気まずい雰囲気のまま、2人はホテルをあとにした。おつきあいは1ヵ月で終わってしまった。

ときめくことがなくなって

その後、Cさんからの連絡は一切なく、ひとみさんも連絡を取っていない。たまに廊下ですれ違っても、会釈程度で、「まったく何もなかった雰囲気」が2人の間に流れているそうだ。もともと連絡はメールで、社内にばれないようにつきあってきたので、誰も2人のことについて言う人もいない。

給料は約30万円、ボーナスは3ヵ月……家賃7万円のワンルームマンションに住み、余裕のある生活をしながら、ひとみさんは「食い気優先」で、仕事帰りに職場の先輩たちと食事をして帰る日々が穏やかに続いている。休日は、先輩や友人たちと会う日以外は、ずっと家の中で映画や海外ドラマを一気観して過ごす。2年前に支社に転勤になったので、家から近くなった代わりに、東京からすこし離れ、男性と縁遠くなった。最近、会社の先輩たちも結婚をあきらめ始めてきたと、ひとみさんはよく耳にする。

「職場で50代のおじさんとおばさんとかが内緒でつきあっているというのもよく聞きますし、社内不倫とか、ちょこちょこと……。私は、ほんとに人生を損してる気がします」

お酒を飲む機会は、暑気払いと、忘年会、送別会くらいで、コロナ禍になってますます機会はなくなり、出逢いははるかに遠のいている。そういうなかで、ひとみさんの同期の女性は、婚活を頑張っている。

「1日おきくらいに婚活パーティや街コンとか、何かしらに参加したり、誰かと会ったりしてます。婚活エージェントにも登録してるので、毎月3人、自分に合った人を郵便で送ってくれるそうなんですね。3年くらい頑張ってるけど、『ステキな男性はいない』って言うんですよ。『もう私、あきらめようかな。1人のほうが気楽だし』って、だいぶ疲れた様子で言うようになってきて……。そんなの聞いてると、私が婚活してもダメなのかなって思ったりして……」

それで高級愛人紹介所を思いつくとは、かなり飛躍しているようにも私には思えるが……。

「年上の人だと、痛くなくしていただけるんじゃないかと思って入ったんですよ。でもホテルのラウンジではじめてお会いした時、私が緊張しすぎて、ずーっと下を向いて、なんかシーンってなっちゃって。（なんで私こんなに、あがってるんだろう）って、とにかく謝っていました。『すいません』『すいません』って。そしたら、お茶だけで終わっちゃって。それ以降、倶楽部からは紹介するって連絡をもらえてないんです。そこの女性は、身長が高くてスレンダーな人が多いんですね。私、大学時代に比べて、15kgくらい太っちゃったんですよ。もう戻らないんです」

ひとみさんの顔に、やっと笑《え》みが戻った。が、すぐに大きなため息をついた。

「ステキだなって思う人はいっぱいいるんですけど、私はどうせ（エッチが）無理だからと思っちゃってるから、もう全然何とも思わなくなっちゃって。ときめくことも一切なくなり、ほんとに私、大丈夫かなって、不安に思う時もあるんです。そういうのがなくても気にしないって人がいれば……。いないですよねぇ……？」

ひとみさんは、「います」と言ってほしくて、私に同意を求めてきたのだと、それはわかってはいたが、「います」と言うには、あまりに難しかった。

結婚はしたい、子供もほしい。でも……

ひとみさんは、1人だけで送る人生は考えていない。いずれは彼女の友人たちのように結婚したいと思っている。しかし、結婚するということは、越えなくてはいけないハードルが、ひとみさんの場合はある。

「結婚はしたい。子供もほしい。痛くない方法はないのかと思います。いざ結婚となったら人工授精という手があるのではないか。でも人工授精も痛いって聞くし。けど、あれよりはいいかな。そしたら、結婚しても肉体関係なしで妊娠ってことになるんでしょうか。それでもいいって言ってくれる人がいればいいけど……」

ひとみさんの心は、今話している間も揺れている。その原因は、男性未経験だ。未経験から経験者になるためには、どうしても男性の体を借りないといけない。1人でできないことだからこそひとみさんは、いつも一歩引いて、「男性ファースト」をしているのだ。

相手に求めるものは？　と尋ねると、

「こんな私でも許してくれる人」

と、言ってから、ひとみさんは顎《あご》に手を当て、しばらく考え込んだ。

「私、いろいろと怖がりなところがあって、ちょっとめんどくさいタイプだと思うんです。やっぱり年齢を重ねるごとに、してないことが、どんどん不安になってきて……」

実家へ帰るたびに、母親は「もういい年なんだから」と言ってくる。そのたび、ひとみさんは、

「そうなんだけどね。いろいろあるんだよ。出逢いがないからさぁ」

などと言って、話を逸《そ》らしている。

できないがゆえに、ひとみさんは相手に謝ってばかりいる。謝る必要なんてまったくないのに——と私が思うのは他人事《ひとごと》だからだろうか。もし小学校4年生の時、あの早熟な友人に出逢わなければ、「痛い」ということを聞かなければ、彼女の人生は変わっていただろうか。

「どうなんだろう……?」

ひとみさんは視線を横に逸らせて、思いを巡らせていた。

「何も知らなかったら、怖いとか先入観もなかった気はします。したことがないっていうのは、かなり負い目ですよね。そういうのがなかったら、もうちょっと違ってたのかなっ

ていう気もするんです」

悩み、痛みを我慢し、謝り……どれもこれも「男性経験」をするためである。早く苦しみから解放させてあげたいと私が思っても、これぱっかりは相手次第で、私にはどうしてあげることもできない。そんなひとみさんが想像するセックスで、気持ちいい感覚って、どういうものだろうか。私はこれを最後の質問にした。

「通常ではない感覚なんでしょうね。痛さの上に気持ちいいことがあるって。想像が難しすぎます。できれば、そういう行為がなく、結婚できたらいいんですが……」

40歳を過ぎたら、子持ちで年上の男性との再婚もひとみさんは視野に入れている。知的美人で、真面目で正直に生きているひとみさんが、未経験という事実に振り回されているのは、もったいないと私は思った。開き直って生きていくためには、やっぱり「鼻の穴にスイカ」や「するたびに出血」の痛いイメージを払拭してしまうしかないのだろうか。今、男性も女性も未経験の人が増えている。未経験者はひとみさんだけではないし、そこまで深く気にする必要があるのだろうか。

こうしたことが私にはずっとひっかかっていたが、ひとみさんは、きれいに並んだ白い歯を見せて笑いながら言った。

「やっぱりちゃんとね。子孫を残したいというか……。1人は気楽ですけど、やっぱりね。次はもうちょっと我慢をしようと思ってます」

その笑顔に、私のほうが救われた気がした。

第二章

梓さん

――結婚前も結婚後も、性交渉のない夫婦生活

肉体関係のない夫婦

「今の夫でよかったと思います。こんな変わった生活を一緒にできる人って限られていますよね。夫に対して情か愛情か、わかんないんですけど、今のままの生活、このままの状態を続けていきたいと思うんです」

梓さん（仮名、33歳）と、19歳年上のイラン人の夫・A氏（52歳）とは、とても個性的な夫婦関係だ。

2人の間には一度も肉体関係がない。婚約した時から同居をしているが、手をつないだこともハグをしたこともない。古物商の資格を持つA氏は現在、国内でリサイクル業もしていて日本は長く、ビザ目的の結婚でもない。

「はじめに」にあるように、私は梓さんに5年前、彼女が都内のバーで週3日アルバイトをしている時に、そこのママを介して出逢った。個性の強い老若男女の客が集まる賑《にぎ》やかな店のなかで、お嬢さんの雰囲気を持つ清楚な梓さんの姿は目立っていた。

その時、梓さんはまだシングルで、男性未経験と聞いていた。その後、店が閉店し、私は梓さんに会う機会を失ってしまったが、今回の取材を始めて以来、ずっと梓さんのことが気になっていた。そしてついにあのバーのママを通じて、梓さんに再会することができた。

梓さんは、妻になっていた。28歳の頃と変わらず、ふくよかで清楚なお嬢さんの雰囲気を持つ女性だった。白いブラウスにふんわりしたスカートが彼女らしさを強調していて、変わらず好印象を受けた。

派手なバーでアルバイト、見かけは清楚なお嬢さん――私にはとてもアンバランスに思えた。いったい、梓さんはどういう少女時代を過ごしたのか。まずはそこから聞いていくことにした。

いいしたいとは思わなかった

鹿児島生まれの梓さんは3歳の時、両親が離婚して以来、母親と2人暮らしだった。20歳になるまで、運転士の父親は養育費を払ってくれていたが、ビジネスホテルで働く母親の収入は夜勤をしても高くなく、生活の余裕はなかった。そのため、普通科高校に入学すると、ひとりっ子の梓さんはすぐにアルバイトに明け暮れた。高校は共学になって初年度に入学したため、クラスに2人しか男子生徒がいなかった。放課後は、アルバイトで精いっぱいだったので、男の子に意識がまったく向かなかったそうだ。男の子とつきあうどころか、好きになる経験もなく、学生時代を過ごしてきた。

高校時代最後のアルバイトをしていた老舗《しにせ》旅館にそのまま就職したが、給料は高くなく、飲食店や営業など、3年間転職を繰り返していた。

21歳の時、「あてもないのに思いきって」東京に1人で出てきたのは、もっと給料の高い仕事を求めてだった。飲食店、コールセンター、派遣社員、一流ホテルのヒルトン東京の宴会場でも派遣で働いていた。収入は鹿児島にいた時よりは少々上がったが、手取りは月20万円を超えず、しかも東京23区内の家賃は最低でも8万円前後。メインの仕事を転々としながら、副業も転々としてダブルワークをしていた。

梓さんが働いていたバーは、奇抜な内装やインテリア、派手というか強烈個性ファッションの従業員という特別な店内で、彼女だけは染まらず、清楚な姿で、当時別の取材で訪れた私を安心させてくれた。

そもそも梓さんが、この店へ来たのは、仕事仲間の女性に連れられてだった。ダブルワークで仕事をしながらも常にセカンドの仕事を探している時だったので、ママの「手伝ってほしい」という提案にすぐに乗ったというわけだ。

処女であることと、お酒が飲めないことを最初にママに言ってあったため、夜の飲食店ではよくあるように強引にアプローチをかけてくる酔客がいても、ママが間に入ってしっかり守ってくれた。アプローチをしてくるお客のなかで、したいと思えるような人はいなかったのだろうか。

「し、た、い……とは思わなかったですね。したいというか、まだ自分にはできないと思ってました」

梓さんは言葉を選びながら、ゆっくりと言った。

夫A氏を紹介したのは、その店に友人に連れられて飲みに来ていたA氏の兄だった。イラン人で日本人妻のいる兄は、店内全員が友達のような超明るい雰囲気を楽しんでいた。

兄は、

「弟がいるんだけど、すごく真面目で、あまり女性経験がないみたいで……」

と、梓さんに言った。それで紹介されることになったのだが、兄が事前に、

「（梓さんが）夜の店でバイトをしているのは、弟が純粋で真面目だから伏せておこう」と提案したことから、A氏が本当に真面目な人だとわかり、梓さんはかえって安心した。

2人が兄の紹介で出逢った時から結婚前提のおつきあいが始まり、すぐに国際結婚の手続きが始まった。交際期間はなく、国際結婚の準備が整ったら即入籍という流れになっていた。本当にそれでよかったのだろうか。

「親を安心させたいというのが一番大きかったですね。あとは、シェアハウスで暮らしていたので、2人で暮らせば家賃がちょっと抑えられるんじゃないかって思ったのも正直なところ。何回会っても手もつながないし、そんな雰囲気にもならないし、真面目なこの人だったら、ママとお兄さんの紹介でもあるし、結婚しても大丈夫そうかなって思ってたんです」

梓さんは淡々と言った。

イスラム教徒と結婚

流れと事情はわかったが、愛情のほうはどうだったのだろうか。

「ん……？　好き……？」

梓さんは、私に尋ねるようにつぶやいた。

「好きかどうかが……。嫌いではないんです。好きは好きなんですけど、なんだろうな？　人として好き……」

宙《そら》を眺めながら、答えを見つけるために、１人で堂々巡りをしているようだった。私にはそれが不思議な光景に見え、

「じゃ、なんで結婚したんでしょうね」

と、口を挟《はさ》むと、

「ほんと不思議なんですよね――」

笑みを浮かべて晴れやかに言う。結婚したことや夫に対して、後悔や悩みもまったくなさそうだった。しかし結婚すれば、結婚相手と心と体も結ばれるということも、おそらくついてくる。

「そうなんですよね。おつきあいをしたら、(エッチを) しなきゃいけないと思ってました」

他人事のように軽やかに言った。

「でも、そんなカンジにならなかったんです。イスラム教徒は、結婚前に肉体関係になってはいけないみたいな話をチラッと聞いたことがあったので、それかな？　と思ってたんですね。出逢って半年後、結婚前から一緒に暮らし始めたんですが、最初から部屋が別々で。私はむしろ、それで安心していました」

イスラム教は1年に1回、イスラム暦の断食月《ラマダン》に断食をする。断食をするのは日の出から日没までだが、断食以外に、嘘や傲慢《ごうまん》な心、性交渉の慎みなどが求められている。ところが、他の月まで斎戒《さいかい》(身心を清めること) を強要されてはいない。だから普通に心と体を通じて愛を確かめ合うことができるのに、夫となるA氏は、手をつなぐこともハグさえもなく、「愛してる」や「好き」とかの言葉もなかった。

それでも、結婚に向けて駐日イラン大使館へ行き手続きを進める2人の気持ちが、私にはよく理解できなかった。もしかしたらA氏がイラン人であるがゆえに、文化や風習などよくわからないまま、(イラン人だからこうするのが普通なのかな？) などと、違いのひとつひとつを梓さんが受け入れていったのかもしれない。

私も国際結婚の経験があるが、新しいことだらけで、アメリカと日本との違いを考え理解してからというより、まずは受け入れてしまうほうが、ものごとが早く進んだように思う。

確かに国際結婚の手続きには手間暇かかるが、イラン人と国際結婚するということは、従来の大使館へ行っての国際結婚手続きの他に宗教上の婚姻手続きもあり、梓さんの言う通り、特に時間がかかる。

駐日イラン大使館の案内の通り、イスラム教徒に改宗し、入信と宗教婚をアフルルバイトセンター（イスラム文化交流庁）で行う。その時にパスポートや婚姻届受理などの他に、イラン人のシェナスナーメ（イラン政府発行の出身身分証明手帳）や、ヒジャブ（スカーフ）で髪を隠した写真などが必要になる。宗教婚のための手続きである。

「理由はわかんないんですけど、提出する写真だから、スカーフみたいなのを巻いて頭を隠さなきゃいけないみたいで、頭にスカーフみたいなのを巻いて撮りました。ペルシャ語とカタコトの日本語でいろいろ説明されてもよくわからないんだけど、書類に名前を書いて……。儀式というか、なんだろう……。そこまでキチンとする人も珍しいと聞きました」

梓さんも訳がわからないままとはいえ、A氏は丁寧に手続きを踏んでいる。これも生真《きま》面目《じめ》なA氏なりの愛情表現ではないだろうか。宗教婚を受けたものの、かといってその後、夫となったA氏から、ムスリム（イスラム教徒）がしなくてはならない祈りやラマダン、毎日の礼拝や巡礼などをするように言われたことも、実際に梓さんがしたことも一度もない。

夫婦になっても何もない

こうして身体検査や入信証明書など、1年近くもかけて手続きを行い、市役所と駐日イラン大使館へ婚姻届を提出した。晴れて国際結婚夫婦となって帰宅した2人にとって、その夜はハネムーンだったが……。

「夫婦になったら、そういう関係になるのかなとは、多少は思ってたんですけど……」

と、梓さんは小さく息を吐きながら笑うと、

「そのまま2人とも自分の部屋に戻りました」

普通のことを話すように言った。

ちょっと変わった新婚生活は、入籍前と何ら変わることなく続けられた。2人の住む一軒家はA氏が友人から借りていて、梓さんは家賃さえ知らず、光熱費と家賃はA氏持ち。仕事によって時間と食事がすれ違う生活なので、食費と携帯代は各自負担。おたがい働いているので、どちらかが金銭的にサポートしたり貸し借りをする必要もない。

たったひとつ、同居した時からA氏が梓さんに約束をさせたことは、「駅まで歩かなくていいように、必ず自分が車で送り迎えをする」ことだった。梓さんが朝早く出勤する日も、A氏を起こして駅まで送ってもらう。帰りが早くても遅くても必ず連絡を入れ、夫に迎えに来てもらう。遠慮して連絡をしないでいると、「迎えに行きたいから必ず連絡を」と言われてしまうので、A氏が用事で町にいない時以外は毎日欠かさず送り迎えが続けられている。

「歩いても10分。待ってるより歩いたほうが早い時もあるんですけどね。すごい心配性なのか、苦にせず、ずーっとやってくれているんです」

梓さんは、温かな笑みを浮かべた。「愛している」と言われなくても、この送り迎えの継続こそが愛の表れではないだろうか。

イスラム教徒としての生活や斎戒などを梓さんに強要しなかったのは、「違いすぎる」がゆえのA氏の心配りのひとつだったかもしれない。

たとえば豚肉とお酒は飲食禁止のことや、毎日昼頃、近くの仕事場から戻って来て礼拝していることとか、絨毯《じゅうたん》を床に隙間《すきま》なく階段までも敷き詰めた「床生活」や、朝は砂糖をたっぷり入れた紅茶から始まることなど……。

梓さんは、それらの疑問や発見をA氏に尋ねることもなく、干渉することも否定することもなく、まるで風景のように捉《とら》えて過ごしている。

「私の部屋以外、すべて絨毯を隙間なく一面に敷いてたのにはびっくりしましたし、日本の友人が来た時もそれを見てびっくりしていました。義姉の家も同じですが、絨毯のことを義兄に聞いたことがないというので、私も聞いていません。角砂糖を口に含んで溶かしながら毎朝紅茶を飲む習慣は、本当は糖尿病が心配なんですけどね」

「床の生活」をするイラン人にとって、ペルシャ絨毯は生活必需品と言われるほど、大切にされている。イランでは、先祖代々受け継がれた手織りのペルシャ絨毯が各家内に敷き詰められているが、その絨毯の良さが富の象徴でもあると言われている。

梓さんの住む家では、統一されていない普通の絨毯が敷き詰められているというので、おそらく機械織りで、日本で売られているものを使っているかと思われる。最近のイランでは、そういう家庭が増えているという。

絨毯の洗濯はA氏がやり、室内の共有部分は気がついたほうが掃除をする。自分の部屋は自分で掃除し、ゴミ出しは各自。洗濯は相手のものも一緒に洗ってもいいが、基本は別々。梓さんは、夫の裸どころか下着姿さえ見たことがない。２人で取り決めをしたわけではないのに、最初からこの生活で、これまで揉めたこともない。

シェアハウスのような生活

A氏は豚やアルコールを口にしないだけでなく、魚介類がアレルギーなので、野菜と米しか摂れない。食事に制限があるため、旅行に一緒に行ったこともなく、普段外食も一緒にすることがあまりない。ほとんど家で夫が料理して作っている。梓さんは、イラン人好みの味がわからないので料理をしたことはないが、たまに夫の作った料理を食べさせてもらうことはある。

用事がある時、夫の部屋に行くことはあるが、用件のみで滞在時間は常に短く、甘い展開はまったくない。

「同じ家にいながら、ほとんどすれ違いの生活をしているので、本当に時間が合わなくて、2人で話すことといえば、明日何時に私が家を出るかとか、次の休みはいつか程度ですね。だから将来のこととか、子供の話とか出ることもなくて、夫婦というか、ただ一緒にいるだけのちょっと変わった関係だなとは思っています」

梓さんは、クスリと笑った。けれども、その生活が不満でもイヤでなく、むしろ居心地がよさそうだと、彼女の笑みから私には感じられた。

「シェアハウスみたい」

私がそう言うと、

「まさにそうなんです！　シェアハウスみたい。私も、同居するまでシェアハウスに住んでいたので……」

梓さんは声の調子を上げて言った。シェアハウス生活のように浴室内で脱ぎ着し、2人が裸や裸に近い格好で室内を歩くことはけっしてない。

シェアハウスの住人なら、将来や責任も負わなくてすむ。ところが、夫婦ならそうはいかない。何十年後かの2人はどうなっているつもりだろうか。

「はい。一緒にいると思います」

梓さんは迷うことなく答えた。

「夫からの愛情は、言葉や仕草がなくても感じられます。私はというと、誰に対しても『好き』って感情が10代の頃からずっとないままできたので、夫のことを異性として見ているかって言われたら、ちょっとわからないんですよ。でも将来、介護が必要な年齢になったとしても、きっと一緒にいると思うんです」

「夫が同性愛者?」――これは誰もが想像しやすい部分である。しかし梓さんは、

「ゲイというか、もしかしたら外に相手という人がいるかもしれないと思ったことはあります。でも全然そんなそぶりがないんですよね」

と、自然な口調で言った。だから彼女の言葉を、私は信頼した。

イスラム教徒の男性は平等に扱うならば、4人まで妻を持つことができるとされている。しかし、もし外にすでに妻がいるなら、義兄から紹介されることもなかったはずだ。第一、A氏は毎日作業服を着て仕事に明け暮れ、仕事が終われば家に直帰している。

「(性欲処理を)どうしてるか、私もちょっと気にはなります。でもまったくそういうことを感じさせないし……」

こんなに愛らしい梓さんがすぐそばにいるのに、どうしてその気にならないのだろうか。私も不思議でしょうがない。かといって、内密で梓さんが取材に応じてくれている以上、A氏本人に聞くこともできない。梓さん自身も、

「(夫に)聞いたことはありません。聞けないし。私もこのままがいいと思っているので、今さら聞けないし、聞きづらいです」

と、言葉を選びながら言った。梓さんにとって今の生活が最適なので、あえて夫に余計なことを聞いて、今の個性的な夫婦関係を壊したくはないのだ。彼女にとって失いたくないものは今の生活——それは最初からセックスのない夫婦生活。

しない相手を見つけることは難しい

梓さんは、このままずっと処女のまま一生を終えるつもりだろうか。周りが普通のようにしていることを、たとえば「経験してみたい」とか思わないのだろうか。

梓さんは顎に手をやり、真顔で考えてから言った。

「してみたい……？」

そう言ったきり、ちょっと考える。

「してみたいというか、できないということに、ちょっと焦りは感じます。できたほうがいいのかな？　とは思います。ただ……」

と、ここで言葉を切ってまた考えた。

「それがしたいかって言われたら、ちょっと違うかもしれないです。もし、(する)相手ができたなら、その人は、私のまったく知らない人がいいです。ずっとしないままできている人とは、なかなか難しいかなと思うんです」

「ずっとしないままできている人」とは、つまり梓さんの夫のことをやんわりと言っているのだと私は思った。もし、未踏の地を未知の人と踏んでしまったら、梓さんの心はどう変わっていくのだろうか。たとえば夫に対する気持ちなどは……？

「どうですかね……？」

梓さんはまた、私に問いかけるように言った。

「夫のことを好きは好きなんですけど、異性として好きか？　と言われたら、夫婦らしさというものはないから、ちょっと私は違うんですよね。ただこの気持ちは、今もこれから先も、変わらないんじゃないかと思うんです。たとえるのが難しいんですけど、好きとか嫌いではなくて……」

やっぱり梓さんと夫との間には、他の夫婦とは違う夫婦関係があるということなのだ。

「人としては愛情があって好きですけど」

梓さんは付け加えた。肉体関係のないカップルは感情の盛り上がりが低い代わりに、同じ感情や距離感でいけるので、かえって穏やかに続いていくのではないかと、梓さんの話を聞いて私には思えてきた。しかし、夫のほうの気持ちが聞けていない。梓さんへの思いやりは感じられるが、夫であっても人である以上、梓さん以外の人を好きにならない保証はない。

ある日、「好きな人ができた」と夫から言われたら、梓さんはどう思うだろうか。

「どう思う？……」

梓さんは答えを掴《つか》もうとでもするように顔を上げて、視線を泳がせていた。やがて、

「しょうがないのかなと思います」

冷静な口調で喋り始めた。

「私と夫との間に肉体関係がある上で、夫が他の女性と……ってなったら、いい気分はしないんですけど、（肉体関係が）ないので、それに関しては私は何も文句は言えないです。むしろ、私は夫が（性欲を）どうしてるか心配なんです。外でどうしてるか干渉しないので想像がつかないんですが、もし夫に好きな人ができたら、それはそれでしょうがないのかなと思います」

梓さんは、言葉を選びながら言った。ここまで聞いて私は、梓さんは「人として」だけでなく、A氏に対して「夫として」愛情や情があると確信した。「もし」の話ばかりになってしまうが、一般の夫婦で少なからずあるように、「好きな人ができたから離婚してほしい」と言われたら、梓さんはどうするのだろうか。

「しょうがないってことになっちゃうんですよね。だって、夫婦らしいことをしてないので。そうなったら、夫の希望を受け入れてあげるしかないんですよね」

皮肉めいてもいない、あきらめでもない、怒りでもない、寂しげでもない。梓さんは分析するように冷静に言った。今から肉体関係を結び「心身共に夫婦」らしく生きていく方法もあると思うのだが、梓さんは自分らしく生きていきたいのか、一般の夫婦らしく生きていきたいのか、どちらをこれからの将来に向けて選んで歩んでいくのだろうか。

「今のままがすごい居心地がいいんです。私は今のままがいいと思っていて、それが自分らしい生き方だと思ってるんです」

梓さんはすぐに答えた。

「皆がしてることなのに、30歳を超えても（男性）経験がないっていうのは、ちょっと心配というか、ちょっとだけ不安はあります。でも、今の夫だから今の生活が居心地いいのであって、もし夫と別れて新しい出逢いを探すってなったら、そのほうが大変。今の夫と同じような人を見つけるのは、本当に難しいと思います」

目から鱗《うろこ》のような梓さんの発言に、私はハッとした。

私は普通にしている皆の立場から、していない人に話を聞いてきたが、梓さんにとっては、しない相手を見つけるほうが大変と言う。今の夫の代わりはいないのだ。

私からは言えない

「私は今のままが一番……」

梓さんのふんわりした顔に笑みが浮かんだ。それはよく理解できた。しかし、性欲というものは時に魔物に変身する。自分の夫の性欲のことを心配するように、梓さん自身は体の欲求をどう受け止めているのだろうか。

「体の欲求？　私、ないんです、興奮するとかも。気持ち悪いとも思わないし、したいとも思わない。疼《うず》くって感覚もない。（性的欲求に対しての）意識はあんまりないかもしれないです。男の人を見て、顔がカッコいいなと思うことはあるんですが、その程度です」

スマホの待ち受けは韓国のアーティストだった。梓さんのその欲求のなさは、夫と出逢う前からずっと変わっていない。だからこそ、夫はそういう梓さんを選び結婚したのではないか——話を聞くうち、価値観が一致する最強の夫婦に私には思えてきた。

「ほんと夫婦ってカンジがしないんですよね」

と言いながらも、梓さんは、

「私は今のままが一番」

と、繰り返し言ってニッコリと微笑《ほほえ》む。その生活を壊すのは、夫が「そろそろしようか」と肉体関係を求めて来た時ではないだろうか。ところが、

「それはないですね」

梓さんは、迷うことなく言い切った。

「そう言われても困っちゃいます。私ができないから、今さら困っちゃうんです」

「今さら」——それは、セックスレス夫婦の取材をした時、多くの取材対象者から聞いた言葉だった。私がそれを言うと、梓さんは、

「やっぱりそうなんですかねぇ……」

軽やかに笑った。その笑顔に、私はなぜか大人の色香を感じた。なのに、梓さんは男性未経験で、体が欲することもない。大人の艶《つや》やかさは、男性経験や女性経験から生まれるわけではないのだと、私は梓さんを見ていて知った。

「長く一緒にいると同志とか家族とかになって、今さら男と女じゃなくて……ってカンジになると、セックスレスの夫婦はよく言いますよね。私たちも、そんなカンジに近いのかもしれません」

結婚後、セックスレスになっていく夫婦も多いが、

「私たちは最初からずっとそうだっただけですよね」

梓さんの言葉に、思わず私は頷《うなず》いていた。

結婚前からセックスレスということは、結婚後の従来のセックスレスと違って、将来セックスレスでなくなる可能性も秘めている。ならば、梓さんのほうから「しよう」とアプローチする日は来るのだろうか？　聞いた途端に、梓さんはクスリと息を吐いて笑った。

「言わない。私から言いたくはない。私からは言えない。私は、やっぱりこのままがいいんです」

夫婦というカンジがしない

今の生活を失いたくない。その今の生活を築いてくれている夫を失いたくない。２人は

そういう価値観で、人生を一緒に夫婦として歩んでいる。

人から見れば少々個性が強いが、梓さんたち2人にとっては、それが一番自然な夫婦の姿であり、生き方ということになる。

「ほんと夫婦ってカンジがしないですよね」

と、付け加える梓さんは、まんざらでもない顔をして、笑みを浮かべている。いつまでもこの状態が続くといいが、人もモノも時代も変わる。10年後の梓さん流家族には、子供は存在しないのだろうか。

「夫は子供が好きなほうなので、義兄の子供を笑って見たりしてますけど、そのあと私に何か言ってくるわけでもないし、それはそれでいいんじゃないかと思ってるんです。私、母に一度聞いたことがあるんですよ。『孫が欲しい?』って。そしたら母は、特に子供が好きなわけじゃないから『どっちでもいい』って。私は、その言葉に甘えてます。今子供ができても、金銭的に育てていける自信もないし……」

子供がいたら、これまでの「おたがいに1人が快適」な夫婦生活が崩れてしまう。肉体関係を持てば、多少なりとも嫉妬《しっと》とか束縛なども生まれる。同じ部屋で寝たりとか、同じベッドで一緒に寝たりとかすることもあり得るので、これまでの距離を保てなくなり、やはり「おたがいに1人が快適」な夫婦関係でなくなってしまう。

「周りの人からは、『ほんとに結婚してる?』とか『結婚してるカンジがしない』ってよく言われます」

梓さんが言うように、生活感が滲《にじ》み出ていないのも当然な気がした。週5、6日めいっぱい働く梓さんと、休みを特に取らず働き続ける夫とは時間が合わず、2人で一緒に休日を1日中過ごしたり遠出をすることもない。

カップルがよくするように手をつないだり、愛の言葉を交《か》わし合ったりすることもないし、梓さんはそれをうらやましいと思うこともない。まさに「私は私」「私たちは私たち」個人至上主義だと私は思った。それでも梓さんの夫は、朝晩、梓さんを必ず車で駅まで送り迎えする約束を守り続けている。これが2人の絆《きずな》の時間なのだ。

これからは、梓さんたちのように型にはまらず、自分たちの価値観を尊重して夫婦になるカップルが増えていくのではないか、梓さん夫婦はその先駆者たちの1組ではないかと、私は思った。

肉体関係は必要ない

「夫が迎えに来てくれるので……」

と、時計をはじめて意識した梓さんに、私はもうひとつだけ質問をした。

「夫婦だから、肉体関係は必要ですか？」

と。梓さんは穏やかに目を細めて微笑んだ。

「絶対じゃないと思います。おたがいに必要ないと思うんなら、それはなくても、それでいいんじゃないかと思うんです。私にとってというなら、私は必要じゃないと思うんですけどね」

義兄ファミリーのように、2人で家を買うとか、子供を育てるとか、目標に向かって貯金するとか、そういう形ある共同作業を今のところはひとつもしていない。

「別れようと思えば、常にすぐ別れられる状態」を維持していると梓さんは言うが、梓さんは一度も「別れよう」と思ったことはなく、「今がいいから」今のところ別れる気もまったくない。

私は、梓さん夫婦はこのまま肉体関係を結ぶことなく末長く結婚生活を続けていくだろ

う と思った。夫に対して異性としての感情はないと言いつつも、夫婦愛を抱いている梓さんは、夫以外の男性と、肉体関係を結ぶことはないだろうと私は感じた。つまり、梓さんは一生男性未経験ということになる。

「みんなと一緒」「みんなと同じように」と、日本では自分の個性よりも、周りと同じであることを安心と感じ、時に窮屈さを感じながらも、違うことで攻撃されることを避けてきた。いじめや差別の原因のひとつは、「違う」ということを個性として尊重できないから起こる。

最近では、国が少子化問題に力を入れたことによって、いい面も多いが、子供を望まない、または子供に恵まれていない人々の肩身がますます狭くされるマイナスの一面もある。そういうなか、自分の心地いい生き方をぶれずに、自然体でしている梓さんのような女性が存在してくれることを、私は「逞《たくま》しい！」と、嬉しくなった。

第三章

静香さん

——できない。それでも跡継ぎを産むために人工授精で……

旧家に生まれて

都会の人には信じ難いかもしれないが、日本には今も「家」や古くからの習わしを重んじ、それを代々受け継ぎ守る家族が多く存在する。奈良県・某町の大地主である神林《かんばやし》家（仮名）のひとり娘・静香《しずか》さん（仮名、44歳）の名家もそのひとつだった。

「小さい頃から祖母に『静香ちゃんは、ひとり娘なんやから、婿さんもらわないとあかんよ。誰か好きになっても、長男さんならサヨナラして』と、ずーっと言われ続けてきました。だから（そうなんや。お婿さんは祖母が見つけてくれるんやろな）とずーっと思って育てられたんです」

由緒ある邸宅に住む静香さんの父親も、婿養子。静香さんが卒業したお嬢様短大の同級生でお見合い結婚をしたのは、静香さんだけだったが、

「母も母の兄妹も皆お見合いやったし、そうしていくもんや、私もこの家を守っていかないかんなって、小さい時から思うてたんで」

何の不満や疑問も感じることなく過ごしてきた。静香さんには、お婿さんを取って結婚して跡継ぎの男の子を産んで……という人生設計しかなかった。反発して好きな人と結婚

したいと思ったことはなかったのだろうか。

「好きな人？　好きな人という考えすらなかったですね。ちっちゃい時から私は、お婿さんもおばあちゃんに決めてもらったほうがええねんわぁと思って暮らしてきましたから。祖母の洗脳がすごかったんだと思います」

静香さんは穏やかな優しい声で、コロコロと笑った。一見、素面《すっぴん》に見えるが、色味のない薄いメイクをしている。これも、お嬢様流メイクらしい。

祖母は、静香さんの学生時代も、卒業後も、帰宅時間が近づくと毎日、塀から駅のほうを覗《のぞ》き、静香さんの帰りを待っていた。コンビニに寄ることさえ許されず、静香さんは毎日、まっすぐ決まった明るい時間に帰ってきていた。箱入り中の箱入りのひとり娘ぶりがうかがえる。お嬢様としての厳しい躾《しつけ》も祖母がしてきた。

「おばあちゃんの目が黒いうちは、そばに……」

と、静香さんは就職も許されず、花嫁修業をしていた。最期は寝たきりとなった祖母の介護も、静香さんと母親がつきっきりでしていた。

祖母が亡くなったのは静香さんが24歳の時だった。おばあちゃん子だった静香さんは、大変なショックを受け、祖母の死を受け入れ立ち直るのに4年ほど要した。29歳の時ようやく、地元の行政機関の窓口でパートとして働きに出られるようになる。そのすこし前から、徐々にお婿さん候補とのお見合いも始まった。

そういうことはいけないと思ってました

静香さんとの取材には、大人気の婚活ツアー「ハピネスツアー」を運営する酒井貴絵《さかいよしえ》さんにも同席してもらっている。私は、東京と大阪の日帰り婚活熟年ツアーにそれぞれ同行取材させてもらったことがあるが、熟年参加者たちは積極的に恋人や未来の夫・妻探しをしていた。

静香さんのお婿さん探しの手伝いをしていたのが、酒井さんの母親が営む奈良県にある結婚相談所の「良縁《りようえん》寿《ことぶき》」だった。酒井さんの母親は、多くの人から信頼を寄せられている「お仲人《なこうど》さん」で、静香さんの母親の知り合いからの紹介だった。

そのなかで出逢ったのが、現在の夫・A氏だった。しかし、A氏が転勤で東海地方へ移る直前だったため、お見合いもほんの1時間程度。しかも、A氏のほうから断ってきたのだ。男性のほうから断るとは、思いやりがなさすぎる！

私はむかついてきたが、養子を取るということはそれほど難しいことなのだと酒井さんは言った。

それでも静香さんは焦ることなく、働きながらマイペースで時々お見合いを繰り返していた。A氏が断ってきてからおよそ1年後、転勤生活が落ち着いたからか、今度はA氏のほうから、もう一度静香さんとお見合いをしたいと、申し出があった。

「どうせまた断りはるんやろって思ってたから、二度目は緊張せずにお話ができたんやと思います」

そうして跡継ぎを産むという「お役目ありき」の結婚が決まった。

しかし、結婚式を挙げるまではキスどころか、手を握ることすら許されなかった。

「結婚するまでは、そういうことはいけないと私自身思ってましたから。それに、いちゃいちゃして街を歩いてでもしたら、すぐに神林の娘さんやとわかってしまいます。そういうこともいけないと思っていました」

静香さんはその時、30歳を超えていた。それでも箱入り娘。旧家の娘とは、未だにそんなに大変なものなのだろうか。

「そういうもんやと思うてたんで」

静香さんは軽く言って、目尻を下げた。

静香さんが結婚をしたのはA氏が転職して奈良県に戻ってきてから、静香さんが32歳、A氏が37歳の時だった。その瞬間から、彼女の大任務が始まった。

「かつて都《みやこ》のあった奈良だからこそ、ひとり娘の大変さが一番あるんやろうな」

酒井さんは、静香さんに労《ねぎら》いの言葉をかけた。

「古都・旧家の家」を重んじる人々の心に寄り添うという大前提のもとで、これから先の静香さんへのインタビューが成立するのではないかと私も姿勢を正していた。


新婚旅行では何もなかった……


新婚旅行は、A氏が行きたかった宮崎県の高千穂《たかちほ》にした。初夜は、露天風呂つき高級旅館だった。跡継ぎを産んでもらうために、神林家の手厚い気配りがうかがえる。

「私のほうから『温泉に一緒に入りましょう』って誘いました。『先に入っといて』って言われたから、露天風呂に先に入って待ってたんです。そしたら入ってきて、景色を見ながら景色の会話をすこししただけで、体も洗わず出て行っちゃいました。いちゃいちゃはまったくなく、体に触れることもなく、それこそ熟年夫婦みたいに……。(あれ？)って思いましたね」

寝所には、布団が二つ並べられていた。静香さんは、跡継ぎを産まなきゃいけないという任務を心得ていたので、母親からも「新婚旅行へ行ったら、そういうことがあるから、相手にまかせなさい」と言われた通りにしようと、心の準備をして布団に入った。ところが、

「手も足も出なかったです。3日間、まったく何もなし。毎日、目が覚めたら朝でした」

静香さんはすこし低い声で、まったりと言って笑った。かなり着込んだ白いハイネックセーターと、ティーンが着るようなチェックのジャンパースカートを着ていて、実年齢より若く見える。が、大地主でお金持ちのはずなのに質素な身だしなみは、やはり周りに気遣って華美にしないようにしているのではないかと私は思った。

新婚旅行は、高級温泉旅館だけでなく、高級シティホテルもあった。しかし、

「お風呂へ順番に入っただけで、ベッドに1人ずつ入って寝ただけ。私も経験がないので、何もないことに対して、何と言えばいいのかわからないんです。『しないんですか?』とも言えないし……。観光案内タクシーの運転手さんは新婚と思ってはらへんかって、新婚って言ったら『そうなんですか⁉』って、びっくりしてはって……」

酒井さんと私は、そこで思わず笑ってしまった。笑っては悪いと思いながらも、(大勢の新婚カップルを案内した運転手さんが間違えるのも無理はない)と、やっぱり笑ってしまった。静香さんも、ヘアピンで留めた前髪を触りながら苦笑いをしてみせた。

新婚旅行から帰ると、A氏は神林家で婿さん生活を始めた。静香さんの叔父が、新婚夫婦のために、母屋続きの離れを造ってくれたのだ。お風呂だけは母屋にひとつだけだった。

新婚旅行から2ヵ月後、夕食のあとに、静香さんの母親が、

「2人一緒にお風呂に入っといで」

と、気軽に声をかけた。静香さんは「ううん、別々に」と答えるしかなかった。その反応を不審に思った母親が、A氏の入浴中に、「新婚旅行どうやったん?」と静香さんに聞

いてきた。

「何もなかった……」

と、聞いた瞬間から母親の顔色が青く変わり、驚きと怒りが爆発した。


今もずっとないってどういうこと？


跡取り息子を産むための婿養子なのだ。そのために、神林家が至れり尽くせりの気遣いや出費をたくさんしてきたというのにである。それで静香さんの母親は、すぐにお仲人・酒井さんの母親に電話をした。

その時のことを酒井さんが振り返って言う。

「新婚旅行でも何もなかったって言うんです。今もずっとないって、どういうこと？って電話で。それで母親より私のほうが話しやすいだろうからと、まず静香さんに私が話を聞いて……。そっから出てくるわ、出てくるわで、やっと結婚して幸せに暮らしてると思うたら……なんでそんなことになってんの⁉ と思ってるうちに、だんだん腹が立ってきて、涙が出てきた」

新婚2ヵ月にして、早くも隣の部屋で別々に寝ているのだ。

「私の鼾《いびき》がうるさい、寝れないからって、実家に1週間以上帰りやった。夜には帰ると言うから昼間、父が実家まで送っていったことがあったんですが、そのまま帰ってこなくて……」

酒井さんと母親はすぐにA氏を呼び出し、

「あんた、こんな幸せな結婚さしてもうて、女性の身にもなってみなさい。何がそんなに眠れないの!」

それでも静香さんの鼾を持ち出すA氏に、ガンガンと怒った。さらに、酒井さんの母親がA氏の両親にも会いに行き、

「(婿に行った以上)帰ってくんな! って言うてたやんか! なんで、養子に入った息子をはいはいって受け入れるんですか。次帰ってきたら『あきません!』って言うてください」

厳しく怒ったが、何のためにA氏が結婚をしたのかと、酒井さんも母親も、神林家も理由がわからなくなっていた。

A氏が婿さんらしくないのには、どうやらA氏の家自体にも問題があるようだった。

「コミュニケーション不足なんです。A君の家では夕食をすませるとすぐそれぞれの部屋に入って、会話もなかったみたいです。面白いテレビを私と2人で観ていても、無表情で、面白いか面白くないのかも、声に出してくれないからわからない。何を考えてはるのかまったくわからない状態だったんです。もう、なんで結婚しはってんやろうっていう……」

静香さんは、額《ひたい》に指を当てて、困惑した表情を見せた。

一般的に憶測しやすいことだが、A氏に限っては、神林家の財産狙いではけっしてない。神林家でも、酒井さんの母親もそれは疑っていない。A氏は、金銭欲や見栄《みえ》があまりなく、趣味は走ること。「走らないと体が重くなる」と言って、マラソン大会を目指してジムに行ったり、走ったりしているだけで、特に大金を使うこともない。ただ素直というか、子供というか、大人の気遣いというものが欠けているだけなのかもしれないと私は思った。

A氏は、酒井さんが「なぜしない?」と怒った時、

「できないですぅ」

と、まず言った。その理由を酒井さんが尋ねると、

「元気にならないんですぅ」

と、他人事のように言う。妻の家族との同居に相当なストレスを感じていたようだった。

「ひとり暮らししてた時には聞いたことのない物音が（母屋から）聞こえてくるし、静香さんの鼾がうるさくて睡眠不足になるし、魚料理が多くて、肉が少ないから（下半身に）元気が出ない」

と、言い訳ばかりを何時間にもわたって、酒井さんに繰り返し並べたてた。すべて自分以外のモノや人のせいにしている。社員食堂は脂《あぶら》っこいものが多いそうなので、夕食はあっさり系にし、昼間肉を食べたら夜は魚料理といった静香さんの心遣いもまったくわからず、子供のように「肉を食べたい」を繰り返していたそうだ。

元気にならないのは食事のせい。ならば、

「ビデオとか観たら（下半身が）元気になるのか」

と酒井さんが尋ねたところ、

「たまに元気になります」

と、平然と答える。「元気な時がある」と静香さんが聞いたら、どんなに傷つくかということをA氏は深く考えもせず言っているのだ。酒井さんが腹立たしく思って怒るのも無理はない。

それにしても新婚旅行から、婿としてすべきことをまったくせず、新婚生活を始めるとすぐに別の部屋で眠り、寝るためか逃げるためか実家に戻ったまま……。これでは、婿さんの役目をまったく果たしていないではないか。お役目を百も承知で結婚したのではなかったのか……。

酒井さんは、シティホテルのラウンジにA氏を呼び出した時のことを続けて言った。

「いったい何時間A氏に言って聞かせたことか……。『あんたな、結婚っていうことは、婿さんということは、どういうことかわかってかぁ!』言うてな。愛情のための夫婦の営みというより跡取りが必要で、そのための夫婦の営みが必要やから、セックスレスは許されへんねと言ったんやけど、『できない』言い訳を全部、人のせいにしはって。静香さんからしたら、この上もなく傷つけることを……。結局、まずは『一緒にお布団で寝るように頑張り』とアドバイスして、それができたら、手だけでもつないで寝るように言ったんです」

それこそ……勃たなかったんです

それで、A氏は実家から戻ってきた。最初は静香さんが布団を2組並べていたが、毎晩いつのまにかA氏が、布団と布団との間に隙間を空けているのだ。そこで今度は、静香さんが敷布団を二つ並べて大きなシーツ1枚の中に入れ、離せないようにした。

そうして最初は手をつないで寝ることから始まった。「手をつないで寝てればそのうち男の人の手が伸びてくるもんやから」と、酒井さんが静香さんにもアドバイスをしていた。ところが、

「朝起きたら、やっぱり何もなかった……。最初のうちは、職場でその日あったこととかを手をつなぎながら聞いたり、話してあげました。とにかく会話が少ない人ですから。でも、寝る時は、どっちからともなく手を離していたんだと思います」

結婚から2年後、A氏の会社の人たちからも、

「跡取りやったら、子供つくらんな」

と言われ始めた頃、ついに酒井さんは不妊治療を勧め、産婦人科のクリニックを紹介した。静香さんが35歳の時だった。医師はまず、人工授精の前に、自然妊娠の方法をやってみましょうと指導をした。しかし、

「最初診察に行った時に『人工授精でも無理やね。体外受精しないと……精子自体も力がなくてたぶん無理』とも言われていたんです」

自然にということは、排卵日に合わせて、しないといけない。ところが、

「それこそ……勃《た》たなかったんです」

それで静香さんは、駄菓子好きなA氏の長いひとり暮らしの偏《かたよ》った食生活のせいと考え、精子のために納豆や長芋、にんにく、ネバネバ系をたくさん食べさすようにした。

ところが、それでもうまくいかなかったため、今度は、産婦人科医から泌尿器科クリニックを紹介された。勃起障害（ED）を治療する薬を処方してもらうためにである。しかし、ED治療薬を飲んだところで、元気になるわけではない。静香さんが刺激を与えない

と、治療薬の力を発揮できないのだ。

「私が手で触らないといけないとわかっていても、どうしたらいいのかわからない。手で触ったら大きくなるって、医師《せんせい》が言ってはったから、しょうがないけど触らなきゃいけない……。クリニックの待合室にいろんな妊活の本が置いてあって、それを買って読んだら、太腿が気持ちよくなれば自然に勃つと書いてあったから、そこをマッサージしてあげたりもしたんですけど、ダメだった……」

A氏は、静香さんまかせで、静香さんに対して愛撫ひとつすることはなかった。

「私が、排卵日に合わせて『しよう』と私から言わないと、待っていたら夫からは声がからなかったし」

ただ妊娠するための事務的とも言えるプロセスにすぎなかったが、自然妊娠ではうまくいかないとわかり、医師の勧めで人工授精をすることになった。

薬を使ったらできそうな気配になれた時は、どうだったのだろうか。ところが静香さんの表情は曇ったままだった。

「ここから妊活が始まると思ったので、ドキドキしている暇はなかったです。でも、それもうまくいかなかったので……」

口調は優しいが、突き放すように静香さんは言った。それで人工授精へと向かったわけだが、その病院は土日も診察をしていて、A氏は会社を休まずに土曜日に診察をしてもらうことができた。このあたりは、A氏は協力的なのだ。しっかりレールを敷いてあげさえすれば、どうやら反抗せず、その上を歩けるらしい。つまり受け身タイプなのだ。

「夫は素直に病院へ行って協力してくれました。個室に入って、精子を採って……。でも、人工授精でも、おそらく無理と、医師《せんせい》は言ってたんですよ。体外受精してもちょっと無理な精子の数値と言われたので」

最初の人工授精では着床しなかった。ところが静香さんが作る食事のおかげか、徐々にだが、使えそうな精子の数が増えてきたのだ。

念願の跡継ぎを出産

2年後、「今回できなかったら体外受精のことも考えましょうか」と医師が提案した時に、ついに着床できた。

「嬉しかったですね……」

しみじみと静香さんは言った。静香さんの母親のことを尋ねると、

「もーう、大喜びしましたね」

声のトーンを上げて笑顔を私に向けた。跡継ぎを妊娠できたということで、静香さんはようやく重かった肩の荷を半分くらい下ろすことができたのだ。A氏はと言えば、相変わらずで、喜ぶこともなく変化はなかった。

そうして念願の跡継ぎ（男の子）を出産。父親になったA氏は、人として変化はあったのだろうか。しかし、静香さんはまた暗い表情に戻ってしまった。

「夜泣きがひどかったし、夫も部署が替わったばかりで忙しくなってきた時だったので、私と子供は母屋のほうで寝て、夫は今まで通り離れで寝て……。ミルクをあげてくれることも、オムツを替えてくれることもなく、ただ職場の愚痴を話すのをこっちは眠たいのに子供の世話をしながら聞いてあげて……。子供が熱出した時も『どう？』の一言ぐらいあってもいいんですが」

A氏は、まだ大人として成長途上なのかもしれない。それでも出産前までは、「ハンカ

チ持ったん？　お茶持ったん？」と、すべて用意した上で、さらに声をかけないと持って出かけなかったA氏が、出産後は自分でハンカチくらいは用意して出かけられるようになったという。

「相変わらず休みの日は、1日中ボーッとテレビを観て終わってしまうんです。『ちょっと外へ出て子供とコミュニケーションを取ってあげて』と何回も言うんですけど、やっぱりボーッとしてて。夫は義父《おとう》さんに遊んでもらった経験がないそうなんですね」

静香さんが妊活のためにしたセックスの回数は5回程度。静香さんは「うまくいかなかったから、人工授精で」と言っているので、完全にはできてなかったようだ。子供のほうが、夫より先にその道を通ったことになる。

愛にもいろいろある

これで男の子の跡継ぎを誕生させるという大役を果たし、婿さんとしての任務も一応クリアしたことになるが、これから静香さんは妊活以外でA氏と夫婦生活をしていくつもりだろうか。

私が尋ねると、静香さんは下を向いたまま考え込んでいた。長い間《ま》だったが、答えが見つかったのか、ようやく顔を上げ、笑みを浮かべた。

「しなくていいなら……」

妊活以外では、する気はないのですか？　と、念を入れて尋ねてみたが、

「向こうもないと思う」

クールな口調で返ってきた。

妊活のためとはいえ、夫とのセックスは楽しくはなかったのか……。

静香さんは、

「私は楽しいと思ったことは、なかったです」

ピシャリと言った。

あくまでも子供のため？　と尋ねると、即座に返事をするのには憚《はばか》られたらしく、

「ん……」

と、静香さんはしばし答えを躊躇《ちゅうちょ》したが、

「たぶん……。妊活のためと意識をそっちに持っていかないと……（セックスする気にな

れなかった)。そう思うようになっていました」

そこで、はじめて私は、A氏に対する思いを静香さんから聞いてなかったことに気がついた。私はてっきり静香さんは、それでもA氏のことを愛していることを前提で話をしていると思っていたからだ。遅ればせながら私ははじめて、A氏に対する愛情について尋ねてみた。愛にもいろいろあるが、たとえば自分を見失うくらい相手のことを愛する気持ちというのは……?

「それはないと思います」

意外にも静香さんは、笑い飛ばした。私が引いたと思ったのか、すこしだけ声のトーンを下げて続けた。静香さんは、

「やっぱり愛にも、いろいろあるじゃないですか。うちの父母に対する愛と同じように、家族としての愛情……」

男としての愛情ではないと露骨には言っていないが、私にはそのように受け止められた。そういうときめきも異性への愛情もない上でのセックスは、とてもつらかったろうに……。静香さんを支えたのは、「跡取り」という妊活義務だけだった。

「酒井さんがいてくれはったから、心強かったですね。私1人だったら、どうしたらいいかわからなかったし。きっとギクシャクして離婚になってたと思います。でも子供が生まれて顔を見た途端、すべてはこの子のためにあった試練だったんだと思いました」

静香さんの笑顔はキラキラと輝いていた。その姿は、私の目頭を熱くした。嬉しいのか、寂しいのか、自分でもよくわからなかったが、とにかく、

「よく頑張りましたね」

と、声をかけずにはいられなかった。

愛より「家」

跡取り息子が生まれても、夫も義父母も何ら変わりはなかった。孫ができたことをどう思っているのかを静香さんが知らないくらい、相変わらず夫の実家は、クールというか気遣いがない。

お金やプレゼントで愛情が量《はか》られるわけではけっしてないが、それにしても、お正月のお年玉やクリスマスプレゼント、5月の節句のお祝いも、誕生日プレゼントさえも無視で

ある。プレゼントは何がいいか聞いてきたこともない。小学校入学祝いのランドセルについても、「どうするの?」と尋ねてきたことさえない。それでも静香さんファミリーは、跡取り息子のためにA氏とA氏ファミリーとの縁を大切にしていくつもりである。

「好きっていうのは、どういう気持ちかわからないんですけど、主人は素直だったので……」

素直としか褒《ほ》めようのない大事な跡取りの父親と、これからも同じ屋根の下で一生暮らしていかなくてはならない。大事な跡取りを誕生させて任務を果たしてくれた以上、ファミリー愛はあるとしても夫婦愛もなく、セックスもなく添い遂げるつもりでいるのだ。生まれながらの「お嬢様」って、こういう内情でも、家のために頑張れるものなのだろうか。

戦国時代や江戸時代の女性はこうしてお世継ぎを産んでいったのだろうか。代々続いた「家」を絶やさないことに対して誠実に生きるお嬢様が今後、もし本当に好きな人に出逢った時、どうなるのだろうか。

夫とセックスが最後までうまくできず、子供はいても処女同然の自分の体を夫以外の愛する人に授ける時、本当の歓《よろこ》びが訪れるのではないか……。それでも静香さんは結局、家のほうを取るに違いない。不貞を働くことになってしまうが、むしろそのほうが人らしいし、そういう静香さんを見てみたいと、私はワルい期待をしてしまった。

第四章

由紀さん

——35歳までは絶対にしないと決めていた

15歳の頃から決めていた

由紀《ゆき》さん（仮名、46歳）の場合は、「35歳になるまで男性と絶対に肉体関係を持たない」と、異性に目覚めた15歳の頃から決めていた。由紀さんが10歳、小学校4年生の時に亡くなった母親が原因だった。

「母は、私が幼稚園の頃から、ネフローゼ（指定難病）で入院してました。家にほとんどいない状態。父親の実家に住んでいたので、私は祖父母に育てられたようなものなんです」

実家は、群馬県の小さな町にあった。田舎の穏やかな風景が浮かぶような、のんびりとした話し方を由紀さんはする。

紺のニットのワンピースの下はふくよかだ。切れ長の目に紫のアイシャドウをのせ、同系色のフレームの眼鏡をかけている。見るからに「いい人」っぽい。

「親戚から、私には姉がいたけど流産したとか、だから無理して母が私を産んだんだとかをたびたび聞かされるようになりました。私を産んだことが、病気の悪化の原因だったた⁉　言われた瞬間、すごく不安になりました。母みたいに死にたくない。子供を残したままで死にたくない。そうしたら子供を産むのが怖くなって、母の年齢（享年34）を超えるまでは、無事に生きていたいと思ったんです」

それで、由紀さんは「母の年齢を超えるまでは生きていたい」と決心をした。

親戚の人たちから、ことあるごとに、「お姉さんがいた」「由紀を産んだから病気が悪化した」と言われた結果、由紀さんは、自分も母親のように子供を産むと死に関わるのではないかと、子供を産むことが怖くなってしまったのだ。子供を産むと命をなくすかもしれないので、その過程である行為さえもしない。

最初それを由紀さんから聞いた時、私はちょっと飛躍しすぎではないかと引いてしまったが、彼女は真剣だった。その真剣さは、話を聞くうちに、この私にも信じられるようになっていった。

どうしても一線を越えられない

由紀さんが男性と最初につきあったのは、高校2年生の時だった。同級生の男子とブラスバンドという同じ趣味を持つことから始まった。手をつないで映画やコンサートに行くデートをたびたびしたそうだ。卒業後、彼は教師を目指して東京の大学へ進学した。ちょうど由紀さんの家族が東京へ引っ越しをした時で、由紀さんは都内のデパートに就職した。

「彼氏を作ること自体が怖かったので、2年半つきあいましたけど、エッチするどころか、キスもしてないです。トロンボーン吹きの彼は、社会人のブラスバンド楽団にも入って、私を誘ってきました。でもデパートは勤務時間が不規則ですごく忙しいし、働きながらサキソフォンを続けることも難しくて、だんだん離れていっちゃったんです」

その後、由紀さんはけっして人を好きにならなかったわけではない。人並みに「恋する時期には恋もした」と言う。でも進展はしなかった。

「どっかでダメになっちゃうんです。お母さんのことがあるので、最後の一線をどうしても踏み越えられない状態になって、苛《さいな》まれちゃうんです」

由紀さんは低い声で言ったが、悲観的ではなかった。

「百貨店は女の園」と、由紀さんは言う。女性同士で食事や飲み会に行ったり、遊びに行ったりと、仕事場のつきあいがとても楽しかったそうだ。

「だから彼が欲しいとか、男性と一緒にいたいとか、あんまり思わなくて。『女の園』で不倫も多かったから、『ほら！　男がまた迎えに来てる』とか、『また違う男の子連れてるわよ』とか、『○○さんが○○売場の○○さんと不倫してる』とか、中傷するようなことを言う人がいても、男がいないことや、未経験ってことに関して話題になったことはありませんでした。私も（未経験と）口に出すことはなかったし。だから20代はまったく彼氏なしで過ごして、百貨店でひたすらバッグや婦人雑貨を売っていました」

大勢に見られるのは快感

そういう由紀さんにも、実は驚愕の秘密の時間があった。それは月に1、2回SMクラブへ行き、M女になるという別の一面だった。見かけと経歴から想像さえつかなかった由紀さんの告白に、私は内心、本当に驚いていた。由紀さんは、これまでと同じように穏やかに話を続けていた。

「レディスコミックが流行《はや》り出した頃、SM漫画を見て、SMにすごい興味が出てきて、『S&Mスナイパー』（SMで有名な雑誌、2008年に休刊）を買ってきました。ページを開けて縛りの写真を見た途端、もうＳＭクラブに足が向いていました。いきなり行って、いきなりＭ女」

由紀さんの涼《すず》しげな目が怪しく光ったように私には見えた。由紀さんがいきなりＳＭクラブに行って縛られるようになったのは、22歳の時だった。

「縄のシュルシュルシュルシュルって音に惹かれて、巻く時も、解かれる瞬間もまた気持ちよくって、どんどんどんどんのめり込んでいったんです。本番？　そういう店じゃないです。Ｍ女という職業だと、縛られたあと、お客さんからやられちゃう可能性があるのかもしれないけれど、私はただのＭ女だから、縛り手にやられることは絶対にないんです。縛って吊って、いじめられて、はい終わり。私はそれで満足でした」

本番を望まない由紀さんにとって、縛られ吊られて、いじめられて、気持ちよくしてもらってとは、まさにサービスの至れり尽くせり。「ＳはサービスのＳなのよ」と、かつて女王様たちが言っていたのを私は思い出した。しかし、そんなに気持ちよくなるものなら、最後は男性の体でしめてといった欲望は起こらないものだろうか。

「ない」

あまりにも即答すぎて、私が由紀さんの顔を見直すと、

「ほんとになかったですね。その時、頂点に達しているから欲望は満たされちゃっているんです」

ひるむことなくまっすぐ私を見つめ、笑みさえ浮かべて言った。しかし……と疑問がしつこく私には湧いてくる。それでも快感が忘れられず、縛り手の男性に恋をするということはないのだろうか。縛られている時は心と体を支配されているのでは……？

「ご主人様を見つけたら、最後まで求められた時、ご主人様だから従わないといけない。でも、それはイヤだから、大勢人が見てるSMクラブのほうが、1対1より安全だと思ったんです」

でも大勢の人が由紀さんの体の隅々《すみずみ》まで見学している。そんな大衆の前でSMをして、恥ずかしくないの？　と聞くと、

「それがまた快感。大勢に見られるのは、気にならないの。人前で裸になっても、私、平気だったんですよ」

由紀さんの目が怪しく光った。それも快感。だからM女なのだ。私がすべき質問は、す

べて敗北したような気持ちになってきた。だからこそ由紀さんは、セックスなしの20代を無事に送ってこられたわけだ。私は妙に納得できた。ところが、それほどのめり込んでいるSMの世界を封じ込めるほど、重大なことが由紀さんの身に起こった。

何もしないって約束

30歳を半分ほど過ぎた頃のことだった。デパートの売場勤務は1年に1回くらい替わるそうで、その頃の由紀さんは、婦人雑貨売場に勤めていた。

事務をしている女性の誕生日プレゼントを買いに来た自動車販売業を営む「その人」が、「何をプレゼントしたらいいか」と由紀さんに声をかけてきた。

「それからのち、何回も売場に来て、そのたび、『お茶でも飲みに行きませんか?』って誘ってくるんです。すごく優しくて、シャイな人で、タイプと言えばタイプだったんですが、それでも半年くらい断り続けました」

「お酒飲みに行かない?」「お茶だけでもいいから行かない?」「ご飯だけでいいから行かない?」

と、10歳年上の社長は、断っても断っても誘ってくる。

「いやぁ……。でも……。ほんとに何もしません?」

「何もしないよ。お茶飲むだけでしょ?」

「何もしないって約束しないと私はヤです」

「ほんとに食事するだけです。約束します」

彼が売場を訪れるたび、こういう会話が交わされること半年、ついに由紀さんは根負けして、お茶につきあうようになった。それも、たったの月に1回の割合だった。それでもこのまま続いたら、いずれつきあうことになると、由紀さんは考えなかったのだろうか。

「(その時は)まだ考えてない」

由紀さんは、あっさりと言った。

「あの時まだ30歳。あと4、5年で母親の年齢を超えることができるから。それを超えれば、私が自分のなかで一息つけると思ってたんです。子供を産んだら私も死ぬんじゃないかっていう不安が、私の頭のなかにずーっとあって、そういう行為をすること自体が怖かったんです」

彼は経営者というわりには、由紀さんに対してはとてもシャイな人で、はじめてお茶をしてから手を握るまでに1年もかかったという。

「おそるおそる手を握ってきたんですね。だから私も応じることができたんだと思うんですよ」

月に1回のお茶や食事が月2回、月3回と増えていく。それでも彼は食事だけで、必ず由紀さんを実家の近くまで送り、「じゃあ、気をつけて」と言い残して帰っていく。初キスをしたのは、手をはじめて握られてから、さらに1年後だった。つまり、出逢いから2年半かかったことになる。しかも、そのキスは「ほっぺにチュッてしてくれた」というだけのキスだった。

「彼はとても優しくて、食事に行っても椅子を引いてくれたり、ドアを開けてくれたり、音楽が好きな私のためにコンサートにも連れて行ってくれたり……ホテルへ行こうとはけっして言う人ではなかったです。だから私は、長くつきあっていけたんだと思うんですね」

鍵付き同居生活

さらに1年後。「結婚まではしないけど、とりあえず家を出て一緒に住む」と親に紹介をした。出逢いから3年半後、由紀さんは34歳になっていた。「一緒に暮らしてみたい」と、言ってきたのは、彼のほうだった。まだまだ体の関係のほうは進展していなかったが。

「食事のあと、飲みに行くと帰りが遅くなっちゃう。父親は特に心配してないけど、おじいさん、おばあさんが心配するし……と思って紹介したんです。でも祖父母に『一緒に住むんだったら、いずれはちゃんと（結婚）しなきゃダメだよ』と言われて。私は母親の年までというのがあったから、『でも戸籍に傷をつけたくないし』とか、なんか変な言い訳を言っちゃってました」

同居にあたって彼が「2部屋ある部屋を借りたらいいんじゃないか」と提案した。2人であれこれ物件を見に行った結果、きれいな賃貸マンションが見つかったが、由紀さんの部屋と浴室は鍵付きにした。なんという徹底ぶり。やっと同居までこぎつけて、彼に期待をさせておきながら……。

「彼が鍵をつけてくれたんです。彼は鍵のことで怒ったりしませんでした。それどころか、『これくらいキチッとしてるほうが女性としてステキだよ』って言ってくれたんですよ」

由紀さんは、小さく笑った。

「彼は、『一緒に住んでみて、おたがいに生活できるって思えるようになってから結婚を考えたらいいんじゃないかな』って、プレッシャーをかけてきませんでした。同居してはじめてお母さんのことを言いました。彼はびっくりしてましたけど、言っておけば（手を）出してこないかなって安心感のためにも」

由紀さんには、彼を失うという恐れや不安がまったくなかったようだ。でも本当に、セックスのできる女のほうへ行ってしまうのでは？　という恐れはなかったのだろうか。

「そしたら、それまでだったっていう考えでしかなかったです」

由紀さんは、ひるむことなく即答した。愛されているという相当な自信が感じられた。

家賃を尋ねると、

「知りません。家賃がいくらって聞こうとは……」

はじめて家賃の支払いがあることを認知したようなおぼつかない言い方だった。なんとも穏やかで、のんびりとした由紀さんだ。

「彼が面倒を見てくれるってことで、私は仕事をやめて、とりあえず主婦みたいに家に入ったんです。デパートは時間が不規則で早番や遅番とかあるので、一緒に時間を過ごすのは無理だなと思って……」

彼に金銭的な面倒を見てもらったら、余計にエッチをさせてあげなくては……と、心の負担になりかねないのに、それでも由紀さんは、その時点でもまだ結ばれることは考えていなかった。

「よくまぁ……」

私は、その先の言葉を失ってしまっていた。

「あとから聞いた話ですけど、衝動に駆られる時はあったらしいんですね。それでも私が『いいよ』と言うまではできないと、抑えていたそうで……」

由紀さんは、カラッと笑った。それでも彼のことを気の毒に思っていなかったとうかがえる。住居のなかでおたがいに見れるのは、服を着た姿だけだった。

いいかげん、1回……

その頃、由紀さんは大好きなSMをどうしていたのか。シャイな彼は、由紀さんがM女だということを知っていたのだろうか。

「一緒に住む前、彼と交際しながら、SMクラブには行ってました。SMのことなんか彼に言ったら、大変なことになっちゃいますよね。だから内緒。彼とデートする回数のほうが、SMクラブに行くより多少は多かったかな」

由紀さんは「多少」のところをすこしだけ強調して言った。SMのことに話が及ぶたび、由紀さんの細い目が輝きを増す。いったい、「縛って吊って」、どう「いじめられて」いたのか。私が尋ねると、これまでののんびり口調で話していた由紀さんが急に流暢《りゅうちょう》に喋り出した。

「乳首を縄やタコ糸で縛ったり、針で刺すのもやりましたね。スリップ、キャミソールの高いヤツが何枚もダメになっちゃいました。しっかり縛ってもらうので、縄の跡とかついちゃいます。温かいおしぼりで、出てるところだけは温めれば消えるのは早いし、デパートで働くのは大丈夫。でも彼に会うのは、SMクラブに行った日と別の日にしてました」

その後、由紀さんは彼と同居をすることになる。仕事もやめた。完全に家に入ってしまったので、ＳＭクラブに出かけるためには嘘をついて外出しなくてはならなくなる。

「純粋な彼を裏切るようなことになっては、彼に悪いから、同居したと同時に（ＳＭクラブに）行くのをやめようって決心したんです。たぶん、彼も我慢してることがあるんだろうから、私も我慢しようと思って……」

そこまで由紀さんを夢中にさせたＳＭクラブである。本当に行きたくはならなかったのだろうか。

「なりましたよ、そりゃ。でも、やめようと思った以上、やめるしかなかったんです。私には縄の思い出がある……」

由紀さんは急に語気を強めて言ってから、照れ隠しのように息だけで笑った。

同居を始めても、彼は求めてこなかった。それればかりか、

「ちゃんとお洋服着て寝るんだよ」

と言うくらいの人だった。寝る時は鍵付きの別々の部屋。朝が早い彼が、「ゆっくり寝てていいよ」と言うので、由紀さんはその言葉に甘えて早起きしなかった。といっても、

けっして淡泊な日常生活を送っていたのではなく、2人の仲は抜群に良かった。

「エッチしたいというより彼は、2人でイチャイチャするのが好きだったんです。胸の近くをツンって押してきたことはありましたけど、そこまで。彼はとにかく一緒に並んで、私にくっついていたかった人。料理を一緒に作ったり、すごい喜んでくれるから膝枕をしてあげたり……。それだけで満足してたみたいでした。キスも、『おやすみ』の時、ほっぺにチューだけでした」

イチャイチャが好きというよりも、そこまでしか許してくれなかったから、イチャイチャだけで彼は我慢していたのではないかと私は思ったが、由紀さんは、「イチャイチャ好きなだけの彼」と本気で信じていたようだ。そして彼のほうも、許可が下りるまで「男」に豹変することはけっしてなかった。

2人は温泉旅行が好きで、たびたび行ったが、同じ部屋に泊まる時があっても、進展することはなかった。旅行中、同じ布団で寝ても、「明日も楽しく遊ぼうね」「どこへ明日は行こうか」といった楽しい会話をしたあと、手をつないで仲よく寝るだけでおたがい満足していたと由紀さんは言う。

「2人ともお酒が好きで、いっぱい飲んでるから、いつも気持ちよくすぐ寝ちゃうんですよ」

と、由紀さんはカラカラと楽しそうに笑うが、もしかしたら彼は寝つけず、由紀さんの寝姿を見て何かしていたかもしれない。

コタツに入っている時、足でツンツンと由紀さんの足を刺激しながら「いいかげん、1回……」と言ってきたのは、同居して1年も経ってからのことだった。「何ぃ？」と答えた由紀さんに、彼はツンツン以上することはなかった。由紀さんは34歳になっていた。

「いいかげん、1回……」から、固かった由紀さんの決心がようやく緩《ゆる》み始めた。

「何か理由があって私がこだわっているんだろうってことは、彼も感じ取ってくれていたみたいです。母親の亡くなった34歳になったし、してもいいかなって気持ちになってきたんです」

しかし、そこからさらに半年間を何ごともなく過ごすことになる。

35歳の誕生日にいよいよ

記念すべき日は、由紀さんの35歳の誕生日お祝い旅行で出かけた北海道の定山渓温泉《じょうざんけい》でだった。なんと出逢いから5年、同居から1年半以上を費《つい》やしたことになる。

初日の函館《はこだて》はツインベッドルーム、登別《のぼりべつ》はベッド付き和洋室と、いつもの旅行と変わらない部屋タイプだったが、最終日の定山渓のホテルだけは、和室のいつもよりワンランク上の部屋だった。その部屋に入った途端、(いよいよ……)と、由紀さんは決心を固めるのだった。はたして、彼が「いい?」と言って、由紀さんの布団のなかに入ってきた。

「痛かった……だけでしたね。痛いってだけで、記憶がボーンと飛んじゃって、それ以外のことはよく覚えてないんですけど、彼のために我慢をしました。彼は『ほんとに処女だったんだ』ってびっくりしながらも、『ありがとう』って喜んで、涙を流しながら私を抱きしめてくれました。そこに至るまで長すぎたのかなぁと思ったこともありましたが、自分で決めていたことなので、もっと早くやっておけばよかったと思うことはありませんでした」

なんていい彼なのだろう。由紀さんは本気で愛されていたのだ。

旅行から帰宅してからも、やっぱり鍵をかけて別々の部屋という生活が続いた。ついにできたからといって、毎日したがるような彼ではけっしてなかったのだ。あいかわらず紳士的で、由紀さんを見守り、愛し続けていた。

その陽だまりのような幸せは長くは続かなかった。肝硬変の持病を持つ彼が家で吐血し、救急病院へ駆け込んだまま入院となった。医師からは「肝硬変の一番悪い状態で、いつまた吐血するかしれないので、飲酒は絶対に禁止」と、深刻な注意を受けた。しかし、酒好きな彼は、忠告を聞かなかった。

退院しても、彼は医師と由紀さんの言うことをまったく聞かず、お酒を飲み続けたのだ。これまで通り由紀さんを飲みに連れ歩き、由紀さんがどんなに注意したり、「一緒に飲み歩くのをやめる」と脅しても、彼は「もういいじゃないか。楽しくやろうよ。楽しく飲ませてくれよ」と、笑って飲み続けた。記念旅行から帰ってきたあと、「たまにはやらない？」と、彼が誘ってきていたしたのは、「本当に数えられるだけ」の数回だったそうだ。

記念旅行から1年後。家に買い置きしてあった缶酎ハイを最後の1本まで飲み干した彼は、その夜のうちに亡くなった。

「そんなに慌《あわ》てなくていいじゃない？」と、同居する時に2人で言ったきり、結局、入籍をしないまま、幸せな関係は終わってしまった。出逢いから6年後、由紀さん36歳、彼が46歳の時だった。

「彼のことを思い出すと、どうしても涙が……」

由紀さんは声を震《ふる》わせながら、泣き笑いの顔を私に向けた。

「もっと長く一緒にいたかったのに。ただそれだけだったのに……。なんかもう、そのあと何をする気にもなれなくて……」

由紀さんが、がっくりとうなだれた時、私は彼女の茶髪に白髪が交じっているのを見つけてしまった。


恋をする気がしなくって……

彼の残してくれた「微々《びび》たるお金」とたくさんの写真と共に、由紀さんは何もできず長い時間を送っていたが、見かねた叔母がやって来て、「あなたはまだ若いんだから」と、テキパキ引っ越しの段ボール箱詰めを始めてしまった。

　こうして由紀さんは、思い出のマンションから小さなワンルームに移り、中型デパート店で再び働き始めた。４年後、２ＤＫ・家賃1万９０００円の都営住宅に入居することができた。

「死ぬまでそこに住めるから、とりあえず安泰」

　由紀さんは涙のあとの残る顔ではかなく笑って、視線を逸らせた。この場において、なんとなく不謹慎だが「ＳＭのほうは……？」と尋ねると、

「封印したら、もうする気もなくなって……。彼が偉大すぎたから」

　由紀さんは10年経った今も、彼のことを引きずって生きている。その後、つきあった男性はいない。

「恋をする気がしなくって。未だに彼のお墓参りに行ったり、そんなことばっかりしてます」

　もし将来というものが見えていたら、由紀さんは（もっと早くにしてあげていたら）と、後悔したのではないだろうか。私ならきっとそう悔《く》やむと思う。しかし、

「いやぁ、それは私のなかで無理があるから」

と、ここだけは揺るがなかった。

「35歳からだいぶ過ぎて、母親の年齢を完全に超えたから、私の気持ちがすこし開けてきたんだと思うんです。母親の年齢を超えても私は生きてるから、もういつ死んでもかまわないって気持ちが出てきて、やっと彼に一線を許すことができたんです」

しっかりとした口調で語る由紀さんの目は、もう濡れていなかった。本当にぶれることのない芯の強い女性だ。彼も由紀さんのこういう姿勢に惚《ほ》れ込んでいたのだと、すこしだけれども、私には理解することができた。私は由紀さんに最後の質問をした。

「肉体関係がなくても、信頼関係は築けるものなのか」と。

「築けたと思ってます」

私の顔をまっすぐに見て、由紀さんはゆっくりと低い声で言った。ならば、

「肉体関係を持つ前と持ったあとでの変化は?」

「ないです」

由紀さんは、私が言い終えるのを待たずに即答した。

「肉体関係があったからなかったからって、変わったということは何もありませんでした。男女の信頼関係は、肉体関係がなくても築けると私は思います。相手によりけりですね。私は彼でよかった……」

由紀さんは、まさに彼女にふさわしいパートナーと出逢えたと私は確信した。濃くて短い幸せと、薄くて長い幸せ、私ならどちらを望むだろうか。肉体関係を結ぶのにここまで自分の生き方を貫ける人がいるとは……。彼のことを想うと悲しいけれども、北極星のように揺るがず潔《いさぎよ》い由紀さんの生き方を知り、私の心にすがすがしさが残った。

第五章

シェリーさん

——男性よりも、恋よりも、研究が大事

シンガポールの教育事情

男性経験が「ある」「ない」を意識しやすいのは、「みんなと同じ」だと安心できる人の多い日本だからだろうか。海外の人は、男性経験の「ある」「ない」をどう捉えているのか？

シンガポール人のシェリーさん（仮名、35歳）がインタビューに応じてくれた。

シェリーさんは2年前に来日し、日本の優秀かつ有名な私立大学で研究員をしている。研究テーマは「日本のジェンダー」についてである。日本に来る前はオーストラリアの国立大学で人類学を専攻し、5年間、ジェンダーの研究をしていた。

シェリーさんの生まれはシンガポール。父親は会社員で、母親は主婦。現在、70歳近い2人は高卒で苦労したため、シェリーさんが小さい時から厳しく、また教育の機会を与えてきた。

「シンガポールは学歴社会。ちゃんとした大学を卒業しないと、就職してもお給料が低いんです。小学校は中学受験のため、中学校は高校受験のために。高校は大学受験のため皆、猛勉強してるんです。優秀な三つの国立大学のひとつを卒業すれば将来が約束されているって皆、そう思って頑張ってるんです」

シェリーさんは、流暢な日本語で話す。シンガポールにいた頃、ドラマや音楽で、一時的に「日本ブーム」が来て、シェリーさんも日本に興味を持ち、日本を好きになった。それで、シンガポールにある日本語学校へ3年ほど通って日本語を習ったという。その名前は「あいうえお科」。言ったシェリーさんも、聞いた私も、名前が面白くて同時に笑ってしまった。

シェリーさんが言うように、シンガポールの教育水準の高さは、世界的にも注目されている。シンガポールには、総合、工学、工科デザインの国立大学3校があり、私立が3校、他に政府出資の経営大学と、2009年設立の身近な門戸を開いた国立大学がある。なかでも、シェリーさんが卒業したシンガポール国立大学は、2022年世界大学ランキングで21位、アジアで3位を獲得している（「Times Higher Education」）。

ずーっと勉強です

シェリーさんは聡明でキュートな女性だ。ロングヘアの肩から下をピンクに染めている。2ヵ月前、シンガポールに帰った時、美容師の従姉妹《いとこ》に「実験で」染めてもらったそうだ。目がパッチリとして鼻筋が通っているので、華やかなヘアスタイルもよく似合う。カラーリングをしていても、髪の毛はすこしも傷《いた》んでおらず、美しかった。

「幼稚園の時から、お母さんに『勉強しなさい』って言われて、家庭教師に教えられていました。イヤだったけど、しょうがないよね。勉強しないと、いい大学へ行かれないから」

シェリーさんは幼稚園の頃、「隣のお姉さん」に英語と数学を教えられていた。シンガポールでは、母国語である英語を小学校へ行く前に習い始めるのが一般的という。シェリーさんが小学校に入ると、プロの家庭教師が週に3回、家に来た。

国立大学への道は大変な難関で、小学校卒業時に行われる初等学校卒業試験(PSLE)が、その後の進路に大いに影響する。PSLEの結果によって、エクスプレス、ノーマルアカデミック、ノーマルテクニカルコースの三つに分けられる。

中等教育(中学、高校)では、エクスプレスコースのみが大学準備コースへ行くことができる。エクスプレスとノーマルアカデミックのコースのみ、卒業時にGCEIN(大学入学資格)を取得し、さらに1年の就学ののち、試験を受験できるそうだ。ちなみにノーマルアカデミックコースの人は、職業訓練学校へ入学したり就職することになる。

「成績によって、上位何%かがトップの学校に行けて、残りのうちの何%かが、その下のレベルの学校……という具合に差が出るんです。中学3年生の時も、高校に行ける人、行けない人……と振り落とされていって、大学も同じ。大学に入ってても日本みたいに遊んじゃうと卒業できなくなるので、ずーっと勉強です。ちゃんと卒業しないと、いい仕事に就《つ》けない。仕事がないと結婚もできない。給料の高い仕事に就かないと、生活はけっこう厳しくなるんです。シンガポールは物価が高いから」

　ということは、いい生活ができるのはほんの一握りの選ばれた大学卒業者だけであって、多くの人たちはそうでない生活を強《し》いられることになるのではないか。

「みんな修理の仕事とか力仕事で大変なのに、給料も低いんです」

　シェリーさんの家庭は、後者の「多くの人たち」ということになる。だから家計を犠牲にしても、家庭教師をつけ、英才教育をシェリーさんに受けさせたということなのか。

「才女が生まれたってこと？」

　と尋ねると、

「うん」

シェリーさんはすぐに答えて笑った。どうやら、謙遜や遠慮といった行為は必要ないらしい。

「大学時代も、とにかくいろいろ忙しくて。授業のある日は学校へ行って、家に帰ったら次の日の授業の準備しなきゃいけない。いっぱい読むものがあって、次の日、学校へ行って、また帰って準備の繰り返し。無事卒業しても、海外で就職する人も多いんです。私みたいに、やりたい仕事がたまたま海外にあるという……」

シンガポールの大学生は宿題が多く、勉強をする学生で図書館はいつも満席。シェリーさんのように、勉強、食事、睡眠を繰り返すだけの忙しい大学生がほとんどのようだ。

シェリーさんのこれまでの人生も、勉強に忙しいばっかりだった。オーストラリアの大学でも研究と勉強がひたすら続く。シェリーさんは大学から奨学金を毎月20万円くらいもらって、研究生をしていた。この金額は、オーストラリアではけっして高くはない。研究生の先は講師になるか、研究者になるかである。いずれも、あまり豊かなお金には縁がなさそうだ。

シェリーさんは歯並び以外、かなりの美形と言えるが、金銭的余裕がないのか、興味がないのか、とても質素な服装をしている。七分袖のシンプルな紺色のワンピースにノーブランドの布製バッグを持っていて、前姿は美しいが、顔がわからないうしろ姿からは誘いがかかりにくいタイプだ。なんと奨学金のなかから、仕事をリタイアした親に仕送りもしているという。

「オーストラリアの大学院では授業はあまりなくて、とにかく研究ばっかり。ずーっとパソコンの前に座って、修士論文だったり宿題だったり、先生へのレポート提出だったり……。締め切り締め切り締め切りの繰り返し」

修士論文は、A4サイズの紙に英語で280ページ程度書かなくてはいけない。そればかりか、出版社へ送る原稿や学会で発表する論文などを書くために、毎日、研究やインタビューを重ねる。研究生でい続けるということは、こういうことなのだそうだ。

「パソコンを長時間使えば目がとっても疲れますから、研究以外の時間は寝てました。1日10時間とか……」

シェリーさんは、ちょっと照れくさそうに笑った。研究研究でとても忙しい毎日ということは、これで私にも十分に理解できた。

そこから先は、今まで通りの友達

ひと息ついたところで、私は早速、本題に入ることにした。そう、シェリーさんの恋愛についてである。研究ばかりしているとはいえ、清潔で好感を持たれやすい容姿をしているシェリーさんをオーストラリアの男子大学生たちが放っておくわけがない。アプローチは、きっとあったはずだ。私がそれを言うと、

「全然全然、全然。誰も来ない」

シェリーさんは3回「全然」と繰り返して、軽く笑い飛ばした。

本当に、これまで何にもなかったのだろうか。たとえばキスは？　と尋ねると、

「ちゃんとしたのもあります。オーストラリアで、5年くらい前」

おもしろい日本語が返ってきた。ここからの話になると、急にシェリーさんの口数が減って、話す言葉の長さも短くなった。勉強のことは聞かなくてもよどみなく話していたのに、恋愛のことになると、急に一問一答に変わっていた。

その男性は同じ大学の研究生で、これまでも「友達の範囲内」として皆と一緒に話をしたり、彼の家に遊びに行ったりもした。その日も、いつものように友達として、その彼の家へ遊びに行った。日本では男性の家へ行ったら、何かあっても「ＯＫ」と解釈されやすいが、どうやら感覚が違うらしい。

その日、突然、彼がシェリーさんをハグし、キスをしてきた。そのキスは、次の段階に進む気配の感じられるキスだった。

「これまでずっと普通の友達だったから、ちょっと嫌だった。だから逃げたんです」

「気持ちよかった？」

「別に」

即答したあと、シェリーさんは小首を傾《かし》げて笑った。

本当にそうだったのだろうか。私はシェリーさんが「実は――」と、本当のことを言い出しやすいように質問を続けてみた。

「もっとしたいと思った？」

「ないですね」

「欲情したとかは?」

「ない」

「その先には進まなかった?」

「そう」

短い問答が続いた。あまりにあっさりしていて、私は笑いをこらえられなくなった。つられてシェリーさんも笑い出した。裏なんかなかった。「ない」。たったのこれだけが事実だったのだ。

「友達だから、その人の悪いところもこれまで見すぎてきちゃってて、感情が湧かなかったです。キスのあと『ちょっと待って』と言ったら、『わかった……』って。そこから先はまた、今まで通りの友達」

途中であきらめる男性もあっさりした紳士だが、シェリーさんのほうもあっさりしすぎている。それだから、相手も前に進めなかったのではないだろうか——と、私は勝手に想像した。

人の体に興味がない

この男性とは、何ごともなかったように「普通の友達」に戻っているが、大学でけっして出逢いがないわけではなかったはずだ。おそらく、シェリーさんが男性に対してアンテナを立てていなかっただけではないか、と私には思えた。現にジェンダーの研究関係で、オーストラリアでも日本でも、食事に一緒に行くくらいの男友達はいる。

「でも今、会ってる友達は研究の対象だから、あまり深くは……」

あくまでも研究のために時間を共有している、とシェリーさんは言う。

が、もしかして？　と、閃《ひらめ》いた私は質問の方法を変えてみた。

「好きなのは男性と女性、どっち？」

「誰でも。どっちでも」

シェリーさんは笑っていなかった。私は、国際人のジェンダー意識の高さを知った。

「子供の時から、どっちがとか、あまり考えてなかったですね。あまり人を男性・女性として見てないのかもしれないんですね。男性である○○《なになに》さんじゃなくて、○○《なになに》さんとして見てますよね。性的対象としては別に……」

研究者らしい答えが返ってきた。しつこいと思われそうだったが、まだ私はあきらめきれない。35歳の女性がどうして恋愛をひとつもしてこなかったのか。理解しにくいのだ。

私は質問を続けた。

「男性の体に本当に興味ないの?」

「人の体にあまり興味ない」

淡々と答えるシェリーさんに、

「逞《たくま》しい男性のシックスパック(腹筋割れ)を見ても?」

と聞いても、

「ない。私の場合は、野菜しか食べない人がお肉を見ても『別に』と思うのと一緒の感覚」

淡々としている。このように言われてしまうと、長年肉断《にくだ》ちをしている私は、納得できてしまうのだ。ならば、シェリーさんは肉体ではなく、顔のほうに重きを置いているのだろうか。

「景色と一緒」

シェリーさんは、並びのいびつな歯を見せて笑った。面白い表現をする人だ。

「顔いいねという程度。肌きれいね、目きれいだね、そんなもん」

そのかっこいい容姿のそんなもんに抱きしめられたいと思ったことはないのか……？

シェリーさんは、私の質問を切って、

「いやぁ。思わない」

笑顔を苦笑いに変えた。それでは、相手が何だったらシェリーさんは「オチる」のだろうか。たとえば歌の上手な人に弱いとか、笑顔の美しい人に弱いとか、きれいな声の人に惹かれるとか……。人は得てして弱点というものを持っている。

するると今回は即答ではなく、一瞬だが考えてから、シェリーさんは顎に手をやり、

「ないね。考えたことない」

と言って、軽く笑った。そういう人もいるのかと、私は先入観を持っていた自分を反省した。

「そこまで興味が行かない。やりたいことがいっぱいあって、誰かとつきあうっていうこと自体が自分のなかに入っていないの。これは、海外へ遊びに行きたいという欲のない人や、お肉を食べない人と同じ」

また肉を例に出して、私を納得させようとする。しかし人と、肉や旅行とは違う。人に対しても、本当にそう思えてしまうものなのだろうか。

釣り合う男性がいない

いったいどういう人なら、シェリーさんは存在する「人」として認めることができるのだろう……。私はインタビューをしながら思い巡らしていて、ハタッと閃いた。

頭脳に違いない！　そこで、

「それだけ頭がいいと、釣り合う男性って、なかなかいませんよね？」

と、聞いてみた。はたして、

「それもありますね」

シェリーさんは素直に認めた。どうやらシェリーさんより賢《かしこ》い男性でないと、つきあう基準にも満たないようだ。

「頭がいい人ねぇ……」

シェリーさんは苦々《にがにが》しくつぶやいたきり、宙を見ている。いったい、最低どれくらいのレベルの人だったら、釣り合うとみなしてくれるのだろうか。

「ん……」

シェリーさんはかなり時間をかけて考えた。これまで、この件について考えたことがなかったようだ。

「感覚かなぁ……。学歴よりも話が合うかどうか……」

ということは、そんじょそこらの庶民男性では、とても釣り合いそうもない。

「たぶんね」

（やっぱり……）と、私はため息をついていた。

話が合うということはシェリーさんと同等、またはそれ以上の賢い人を望んでいるのだ。

感情で動きやすいタイプの人は、惹かれてしまったら条件など大したことではなくなってしまう。ところがシェリーさんのような一目惚れ《ひとめぼ》れなど絶対しないタイプの人は、まず条件の最低ラインを決め、それに満たない人はふるいにかけるまでもなく落としていく。恋をして夢中になるという、ステキかつ厄介で幸せでもあり寂しくもあり……といった経験をしたことがないのだ。

　それはもったいないと私なら思うが、シェリーさんにとっては、恋人や恋愛よりも研究や勉強のほうが、よっぽど面白いということなのだ。

「楽しいですね。研究のほうに興味が行っちゃってる。勉強するの、大好きだから。とにかく私、ずーっと忙しいんです。いつもやることがいっぱい」

　とはいえ、忙しくても興味がなくても、性的欲求というのは別モノかもしれない。頭と体が別の欲求をすることだってありえる。シェリーさんの体は、性的欲求というものを起こすのだろうか。

「いや、時間ないんで。性的欲求なんかもないですしね」

　と、シェリーさんは、すこし高い声を上げて笑った。無理しているようには思えなかった。肉体的快感の経験も求めていないとすると……。私はシェリーさんにとっての快感を勝手に探していた。そして見つかった。いい研究結果が出た時ではないか——それがシェリーさんにとっての喜びでありエクスタシーなのではないのか。私がそれをシェリーさんに告げると、

「快感かなぁ……？　でも、とても楽しいです。研究をやり遂げたという達成感があります。だから毎日、原稿を書くか、本を読むか、インタビューで誰かに会うかを続けられるんです」

小さな顔にピンク色が加わったように、私には見えた。忙しい忙しいとシェリーさんは言うが、研究のために相当な努力と勉強を重ねているのだ。だからこそ論文が完成したり、研究結果が出た時、満足感が得られる。それは、苦しく厳しい練習を重ねて試合で勝った時のアスリートの気持ちと似ているかもしれない。

つまり研究や論文を完成させたその瞬間に、快感の頂点に登りつめることができるのだ。となれば、この快感に勝つ男性を見つけるのは、相当難しそうだ。

「うん」

シェリーさんは、他人事のように軽く言った。

「でも、別にいなくても」

その言い方は、小気味良いほどさっぱりしていた。これまで人を好きになって恋愛したことは、「そんな時間はない」ので一度もなかったそうだ。このままいくと、男性経験だ

けでなく結婚もしないで、研究を一生続けていきそうな予感がする。するとシェリーさんが、

「結婚制度は反対です。私は結婚しないかもしれない」

はっきりとした口調で主張した。

恋人を欲しいと思ったことはない

シェリーさんは、男性の経験がないということも、

「別に。しなくてもいい」

と、普通に答えている。多くの人と違うからと、無理しているとか、それを負い目に考えているとか、そういう印象はまったく感じられなかった。それが彼女の価値観のなかでは特別ではないことなのだろう。そう考えた時、これまでのインタビューを総合して、私はひとつのことを思いついた。

男性経験をするということは、体の構造上からも、どうしても女性が「受け身」の立場になる。そのことが受け入れられず、イヤだという理由のひとつになっているのではない

だろうか。

「（受け身だから）イヤってことはありえますよね。たぶん……」

表情を変えずに、これまで通り私を見つめたまま言った。この答えはシェリーさんらしく、私には腑《ふ》に落ちた気がした。

多くの女性が経験する男性経験や結婚。それをしないという選択をすれば、自分の産んだ子供に出逢うことがないという生き方になる。それをシェリーさんはどう思っているのだろうか。するとシェリーさんの顔が笑顔に変わった。

「子供はあまり好きじゃないです。うるさいし、研究できなくなるし……」

ちょうど私たちがいるホテルのラウンジで、小さな子供の高い声が上がった。その声は耳に痛いほどだったが、シェリーさんは顔を歪《ゆが》めはしなかった。子供が好きじゃないと言っても、恋愛や男性と同じように、「ないもの」としているだけで、毛嫌いしているわけではないと、私はシェリーさんの優しさを確認した。

シンガポールでも、かつては「結婚しなさい」と言われたが、今はあまり言われなくなったという。シェリーさんの家族は？　と尋ねると、

「恋人いないの？　とは聞いてくるけど、聞こえなーい」

耳を両手で塞《ふさ》ぐ真似をした。勉強、研究で忙しいと言いながらも、シェリーさんにはチャーミングなところがいっぱいある。こうなったら、せめて「恋人」経験くらいさせてあげたいと、親心のようなお節介心が私に生まれてきた。ところが、

「恋人、欲しいと思ったことない。私は時間ないし。街に行けば、みんな恋人がいて楽しそうで、それはそれでいいんじゃない？　私は研究が楽しいし」

どう質問や見方を変えても、やっぱり研究と勉強に戻ってくる。若い今は研究に力を注いでいるので、1人でいても寂しさを感じないでいられる。もしかしたら年を重ねると、シェリーさんだって誰かと一緒に生きたいと思うことがあるかもしれない。

「でもひとりっ子って、1人でいることをあまり寂しいと思わないし……これからも」

シェリーさんの言葉はよく理解できた。確かに、私もひとりっ子で1人でいることが苦痛でないし、1人で楽しむ方法をいっぱい知っている。だから、「研究の仕事は一生します」と言うシェリーさんの言葉も、信憑性のあるものとして受け止めることができた。シェリーさんは将来のために保険などにも入って準備するつもりではいる。

ひとりっ子ゆえの責任で、シェリーさんもまた研究をすること以外に親を一生支えていかなくてはいけない。だから余計に収入にも関係する研究をやめるわけにはいかない。

「実家への仕送りの他に、実家の光熱費やガソリン代も、私のクレジットカードで支払っています。だから余計、家族は結婚しろと言えないいんじゃないかな。私が結婚したら今までみたいにお金を毎月もらえなくなるでしょう?」

シンガポールでは、学校でも「親の面倒を見ること」や「年上の人を尊敬すること」を教えられるそうだ。

「家庭にもよりますけど、富裕層の子供も、就職したら親に毎月お金を送る。これが普通なんです。兄弟がいっぱいいる人は、誰かがやれば、やらなくても大丈夫ですし」

次がない

シェリーさんは現在、東京都内で家賃8万円、収納設備もないワンルームに住み、生活費を切り詰めるため、すべて自炊している。大学から出される奨学金は月30万円。

「すごい!」

このコロナ禍でも？　と、私は思わず声を上げてしまったが、シェリーさんは、

「それって多いんですか？」

不思議そうに言った。この奨学金は個人の借金にならず、返済の必要がない。その奨学金のなかから家賃と生活費と仕送りと、研究用の経費を支払う。研究に使う海外の書籍は、1冊数万円もするので、できるだけ図書館の本を利用している。

奨学金をもらうために海外のいろいろな大学にアプローチをし、受け入れてくれるところへ行って、また研究を続けるため、シェリーさんは日本にこれから先、ずっとはいないかもしれない。報酬のない論文を書いたり、あちこちの学会に参加し続けるのは、「名誉と履歴書に載せるキャリアのため」だそうだ。それが、研究生として海外の大学に迎えられるための大切な要素となる。出版社用の原稿も、2万〜3万円しか原稿料をもらえない。

「だから、いっぱい原稿を書いて出版したり、たくさんの学会に行ったりしないと次がないんです」

次がない——。この言葉が、いかに研究生の世界が厳しいかを私に想像をさせた。学会に参加する費用も交通費も、すべて自分持ち。自分に投資するようなものだ。日本は物価

が高いから、外国人であるシェリーさんが、交通費を捻出するのも大変なことだろう。

今回、シェリーさんが大阪市内で開かれている2日間の学会に参加することを聞き、初日の夜に時間を作ってインタビューに応じてもらえることになった。経費節約のため、シェリーさんはかなり遠くのホテルに宿泊している。

「今日、私、発表したんですよ。締め切りギリギリまでずーっと準備していて……」

研究の話になるとシェリーさんは、パッチリした目をさらに大きくして輝かせる。本当に相当に、よっぽど研究が好きらしい。1人を見てすべてとは言えないが、女性は何かはまっているものがあると、恋や結婚は二の次になりやすいのかもしれないと、私はすこしだけそんな気がしてきた。そのはまっているものが、シェリーさんにとっては研究なのだ。


たとえ木村拓哉でも……


そんな勉強熱心なシェリーさんでも、テレビドラマを観ることがある。

「好きな俳優はキムタク（木村拓哉《きむらたくや》）！」

シェリーさんはそう言って笑った。これまでで一番かわいい笑顔だった。

「もし、もしもよ。そのキムタクがシェリーさんにアプローチしてきたら？」

シェリーさんの庶民的な部分を垣間見ることができたようで嬉しくなった私は、すぐに質問を重ねたが、

「まずは友達としてご飯」

と、シェリーさんらしい返事が冷静な口調で返ってきた。たとえ、木村拓哉さんのようにかっこいい男性でも、

「顔いいね、くらい。景色と一緒。そんなもん」

と、再びバッサリと切られてしまった。やはり、シェリーさんが恋をする日はかなり遠そうだ。では、もし将来、同じ研究者がアプローチしてきたら、シェリーさんはどうするのだろう。私はすこしポジティブな望みを持って尋ねてみた。

「お金が少ない」

その言い方は、特にクールだった。

「研究者はずっと研究しているから他のものに興味が行かないし、自分の世界を大切にするから人と話が合わない」

この言葉は、男性研究者からシェリーさんにそのまま返されても不自然でない気がした。シェリーさんはさらに続けた。

「お金が少ないのはダメですが、お金を持っていても、頭のよくない人もダメです。お金と頭、両方ないとダメ」

シェリーさんの瞳には、一分《いちぶ》の揺るぎも見られなかった。最後に、私が不謹慎だが、

「頭と性格はあまりよくなさそうだけど、お金を持ってる人なら日本には大勢いるんだけど……」

と茶化すと、

「年上の……？　あ、イヤッ。絶対ダメです」

大きな前歯を見せて笑うシェリーさんが、私にはとても愛らしく思えた。男性を知ることによって、シェリーさんがこれまで頑固に貫いてきたものが、もしかしたら壊れてしまうかもしれない。そんなイメージが浮かんできた。

海外に住んでまで研究に力を注ぎ、頑張っているシェリーさんがステキだから、私は、このまま彼女らしく生き抜いてもらいたい――と、心のなかでエールを送った。

第六章

香月さん

——18歳年上の夫が最初でよかった！

31歳で初体験

「31歳……。そこまで経験しないでおいて、本当によかった。この彼で本当によかったと思いましたね」

新聞社に勤める香月《かづき》さん（仮名、48歳）は、32歳の時に18歳年上のその彼、料理研究家と結婚をした。

私は以前、香月さんと仕事を通じて出逢った。いつもエスニック風の個性的なファッションで、大きなバッグや仕事の荷物を持っている。目鼻立ちがはっきりしており、ノーメークなのに美しい。まさに知的美人だ。

「私は他の人に比べると、すこし苦労をして育っているので……」

と、香月さんが言うように、彼女が私立小学校に入学してすぐに両親が離婚した。銀行員だった父親が大きな借金を背負い、離婚に至ったので、4歳上の姉と香月さんは、母親のほうに残ったが、養育費など一切もらうことができなかった。

お嬢様育ちの母親は突然、社会に放り出され、トイレ掃除の仕事から始めたそうだ。そのことは、人に言わないよう香月さんは母親から口止めされていた。姉と香月さんは、小学校から大学までエスカレーター式で行ける私立学校に、すべて奨学金で通うことになる。

香月さんは文学部国文学科を卒業し、2年間大学院で研究したあと、新聞社に就職した。奨学金で名門に通えたということは、相当勉強ができるということになる。その奨学金を完済できたのは、私が今回の取材をしたすこし前だったという。

香月さんの場合、中学・高校は女子校だったので、男の子と出逢うこともなかった。共学の大学に入学してはじめて、男の子と交流ができるようになった。

はじめておつきあいした男性

ところが香月さんがはじめておつきあいをした相手は、同年代ではなく、アルバイト先の書店に勤める14歳年上の上司・A氏だった。

「母親が認知症の祖母の世話をしながら、私たち姉妹を苦労して育ててくれたせいか、同年代は幼く見えちゃったんです」

香月さんは大きな目をクルリとさせて笑う。性格は、喋り方と同じでテキパキとしていて、かなり明るい。

「彼はダイビングが好きなカッコつけの人で、沖縄が大好きでした。つきあい始めて1年くらい経った時、4泊5日の沖縄旅行へ行くことになったんです」

A氏は、数年前に離婚してシングルだった。旅行費用は、誘ってきたのがA氏のほうだから、「(払わなくて)いい」と言ったが、香月さんは払うつもりでいた。すると、「全額じゃなくてもいいし、分割でもいい」とA氏が言うので、香月さんは分割で払うことにした。

「払わなくていい」と言うくらいなので、A氏はこの旅行中に香月さんと関係を持ちたいと期待していたのだ、と私は思った。ホテルの部屋は1部屋、ベッドは1台。寝る前、彼はなぜか部屋中の灯りを点《つ》け、それから、当然のようにいよいよ……。その時、香月さんが瞬間的に、

「(いや〜。ちょっと私、イヤだな)って思ったんです。だから私『ヤダ』って一言《ひとこと》言いました。すごく彼のこと好きだった。でも断ることは特別なことだとは思ってなかったんです。理屈では説明しづらいんですが、ちょっとイヤだった。勘としか言えないんですが……」

A氏はすぐに受け入れ、コトを進めるのをやめたという。

「今思うと、彼は信じられないという思いでいっぱいだったと思います。そういうつもりで来てるんでしょ？　という気持ちはあったんじゃないかって思います」

翌日は、リゾートでの食事も、海で遊ぶのも普通に2人で楽しく過ごした。翌夜もまたA氏は誘ってきたが、やはり香月さんは「ヤダ」と言った。

「なんだコイツは⁉　コイツとはもうダメだと思ったでしょうね。私は沖縄での毎日が楽しかったし、彼のこと好きだったけど、彼はイヤだったと思いますよ」

香月さんは淡々と話を続けた。沖縄旅行のあともつきあいが続くものと、何の疑問も感じていなかったのだ。

しかし、帰路に着いた時から早くもA氏の態度が明らかに変わっていた。

「スパッと変わりましたね。（へぇ、そうなんだ……。これで別れちゃうんだ）と思うと、すごいショックでした。バイト代をもらったあと、彼に旅行代を分割で返しに行ったら、『もう会わない。来ちゃダメだ』ときっぱり言われちゃいました。完全にフラれた形」

香月さんはそこまで言ってから、大きな口を開け元気な声で笑った。

しかし、正式に別れを言われたわけではない。34歳の役職に就く大《だい》の男が、20歳のアルバイト大学生相手に取る態度としては、かなり大人げない。

「ものすごいショックでした。すごいショックで、別れの言葉を言うことなく態度を豹変させるなんて。私からは何も言うことができなくなるくらいの変わりよう……。あの人が、そんなひどい人とは思わなかった……。もう一度チャンスをくれと思いましたね。別れるって言葉で言われなかったから消化不良のままで……」

その原因が、沖縄旅行で「ヤダ」と言ったからだと、香月さんはわかっていたのだろうか。

「あの時はモヤモヤしてて、そうだと認めたくない部分も気持ちの上であったと思うんです。100％すんなり（拒否したからだ）と受け入れはできなかったけれど、今振り返れば、そうだなと思いますよね。でも、しないってことは自分で決めたことだし、あの別れ方でよかったんじゃないのって思います」

アーティストの久保田利伸《くぼだとしのぶ》さん似の濃い系で体育会系の彼は、別れたあとも、職場ですれ違う時など、何ごともなかったように挨拶《あいさつ》をしてきた。香月さんも何ごともなく挨拶をする。しかし、その後も旅行代金の分割を返しに行くのだが、「もう来るな」と言われ、途中までしか返金できなくなってしまった。彼にとってはうしろめたさがあったのかもしれない。香月さんはA氏と別れて数ヵ月後、A氏に彼女ができたことを風の便りで知るのだった。

「その彼女と続いていたということは、肉体関係があるってことなので、非常につらいことでしたね」

香月さんは、声のトーンをすこし落として言った。強そうに見えるが、大人の仲間入りをしたての20歳の時の失恋、実は相当つらかったようだった。

そんな関係になりたくなかった

しかし、そこでへこんでいるわけにはいかないのが香月さん。爆発しそうなほどいっぱい湧いてくるエネルギーを、大学の大きなサークル活動に費やすようになった。

そのサークルには慶應義塾大学や早稲田大学など、いろいろな大学の学生が参加していた。香月さんは責任あるポジションに就いていたこともあり、多くの男友達ができた。そのなかでも、特に親しい男友達との友情を、香月さんは大切に育ててきた。ならば、友達から恋愛へと発展していかなかったのだろうか。

「いかなかった」

香月さんは大きな目を見開き、即座に答えた。

「男友達がものすごい大事だったから、そんな関係になりたくなかった。大好きな男友達たちとそんな関係になって、そのあと壊れて『友達』を失うのは非常にもったいなかった。私は男友達のことをいい仲間、自分の財産ぐらいに思ってたから。彼らとは、今も続いてるんですよ」

そうはいっても、香月さんは華やかな顔立ちで頭の回転も速く、話し好き。ちょっと「高嶺《たかね》の花」系だが、男性に好かれないわけがない。アプローチしてきた男性は何人か絶対にいるはずだと、私は確信していた。すると香月さんが、

「すごく仲よくなった子はいますね」

と、あっさり認める。

「慶應とか早稲田の子たちが大学のサークルに入っているので、あの年齢で皆、車があっ

たんです。サークルの仕事で遅くなったりすると車で送ってくれたり、たまにはご飯も一緒に食べたりして……。その帰り、車のなかで2人だけになるんですが、『シート倒して星を見ようよ』とか、大して星なんかないのに言われても、本能的にイヤだなと思って、『シートはいい』って、私は直立したまま見ていたんですね」

香月さんの徹底ぶりは、頑丈でけっしてぶれないけれども、なぜか笑いも浮かんでくる。嫌味な頑固さを感じさせないのは、彼女の明るく正しく、真面目な性格のせいだろうか。手も足も出せず苦笑するしかない慶應ボーイの顔が私の頭に浮かんで、また笑いそうになってしまった。

「この人じゃないっていうのがあったんだと思います」

香月さんは背筋を伸ばして言った。この自分のこだわりをとことん貫く香月流のカタさが、私にはむしろ可愛く感じられた。香月さんには不思議な魅力がある。

友達以上の親友

彼女が男性を好きになった時も、まさしく「香月流」だった。多くの、本当に多くの女性に出逢い、取材をしてきた私でも、香月流のアプローチをする女性に出逢ったことはない。

24歳の時、大学院生だった香月さんは、学生最終年の集まりで2歳年下、大学4年のB君に出逢った。その頃の香月さんは、アジアやアフリカの農村や、世界の紛争に強く興味を抱いていた。卒業までの1年間、活動を共にし、おたがい会社は違うが、ひと駅という近い場所に就職してからも、同じNGOの活動で、就業後だけでなくランチも共にしたりと、年がら年中会っていた。

「ほんとに友達以上の親友ってかんじ。私、24歳から28歳くらいまでの4年間、その人のことが本当に好きで、一方的に何度も告白したんです。恋多き彼は、常に彼女がいたけれど、私は告白してたし、彼女と別れた時も告白しました。私としては（あなたのことを好きということを知っといてくれればいいから）ってかんじ。最後のほうは『よくこんなに長く……（自分のことを）思い続けていられるよね、感心しちゃうよ』と、彼に言われてたくらい。それでも実らなかったけれど」

彼としては、活動家よりも、感性が豊かで音楽など芸術が好きな女性がタイプで、そういう女性といつもつきあっていたそうだ。彼の彼女よりも、彼と会っている時間が多い香月さんは、いわゆる同志だったのか……？

「私って、やっぱり友達が大事なんだなって思いました。もし私が、彼の彼女になっていたら、私たちは別れてたかもしれないし……。私は『彼女』じゃないから別れずにすむという特権のあるポジションでした。それにしても、本当にB君はよくつきあってくれたと思いますよ」

しかしB君は、香月さんほど精神的に強くはなかった。就職して3年後、NGOの活動を続けるB君から、だんだん輝きが減ってきたのだ。

「私は、すべきことがたくさん出てきて、どんどん今に続く道に深く入っていったのに、B君は輝きを失って、魅力を感じさせなくなっていったんです。私は足踏みして停滞している人に、これ以上時間を使って、つきあってあげるわけにはいかない。そう思って『もうあなたを追いかけるのをやめます』って、毎回フラれていたのは私なのに、私から『お別れ宣言』をしたんですよ」

香月さんはサラリとまくしたてたが、私にはちょっと頭の整理をする時間が必要だった。告白をしてそのたびにフラれていながら、香月さんのほうから「お別れ宣言」？　突然言われたB君も何がなんだか私どころではなく、とまどったに違いない。あんなに追っかけてきて毎日のように一緒にいたのに突然、今日からブチッと縁を切ると言ってきた。

はたして、

「B君は、とても悲しそうではあったと思います」

と、香月さんがあの時のことを振り返り、朗読するように言った。B君ならば、香月さんが自分で決めて言い出した以上、揺るぎないことを熟知している。

その後、B君はその次に出逢った女性と、授《さず》かり婚をした。香月さんと離れ、話を聞いてくれる人がいなくなったことが原因であるかどうか定かではないが、その頃からB君は鬱病《うつびょう》を発症していた。会社を退職し、病院通いを始めた頃、香月さんはおよそ2年ぶりにB君に再会した。

「見た目も変わってました。『信じられないかもしれないけど、病気になっちゃったんだよ』って、B君が言ってました。自分を好きでいてくれる女性（香月さん）がいなくなっても、結婚したんだからいいじゃないと思うんだけど……。ある種、私はB君にとって、大きな存在だったんだと、その時思いました。でも私としては、今まですごく会ってたのに、これから会わなくなるためには、何かのケジメが必要だと思って、あの時、お別れ宣言をしたんですけど……」

香月さんはフッと息を抜いて、静かに笑った。そう言われてみれば、「お別れ宣言」は、いかにも香月さんらしい行動だった。ホッとしたのも束《つか》の間《ま》、その後の香月さんの言葉を聞いた瞬間、私の笑顔は硬直した。

「それから2年後。B君が自死したんです」

私が何をか言葉を返そうとする前に、香月さんは淡々とその後を続けていた。

「ほんとにびっくりです。明るい人で、(自死するような) タイプではまったくなかった。原因はたぶん、過労ですね」

香月さんはまた、つきあうはずの相手を失った。

周囲の結婚ラッシュ

30歳を超えると、友人など周りでは、そろそろ結婚をしていく。男性経験のないひとり身の香月さんは、周りを見てどういう気分だったのだろうか。

「私はこれまで本当に好きなことばっかりやってきて、私は私で満たされていたので、（〇〇ちゃんも結婚しちゃったし、私どうしよう）って、人を見て焦るというのはまったくなかったですね。でも友人の結婚式に出ると、『おめでとう、おめでとう』ってすごい感動して泣いちゃうタイプでした。子供がいるっていいなぁとは思いましたが、早く産まなきゃとか、うらやましいという気持ちはまったくなかったです」

香月さんはひるむことなく、私の目をまっすぐ見つめて言った。

彼女にとっては、まず自分が大切なのだと私は思った。香月さんは、自分の考えや、したいこと、与えられた時間をすごく尊重して生きてきた。それを無理に変えさせたり、貴重な時間を不本意な人のために割《さ》いたりすることがイヤなのだ。

だから自分のために、フラれても恋の告白ができるし、自分にふさわしくないと思えば、冷酷というか人騒がせというか、彼女はそうは思っていないのだろうけれども、素直に別れを告げることができるのだろう。それで同じホテルの室内でもA氏に「イヤだ」と拒否をすることができたのだ。

その後、香月さんは、勤めている新聞社で連載をしているジャーナリストと出逢った。

「ステキな人でした。でも一緒に暮らしている彼女がいたし、私が取って代われるとも思っていなかった。ただ、同棲している彼女からは完璧に嫉妬されましたよね。宣言？　今回はしませんでした。仕事上のパートナー、同志なので。つまり何も起きなかったし、これからもずっと……」

この人と結婚するというカン

それからのちに香月さんは、現在の夫・C氏と出逢うことになる。香月さんが31歳の時だった。料理研究家のC氏は学生運動から始まり、新東京国際空港（成田空港）建設に反対する三里塚《さんりづか》闘争に参加したりと、社会主義の活動に関心を持つ活動家でもあった。香月さんが、世界的に注目された某国総選挙を見学に行った人々の帰国報告会に参加した時に、C氏に出逢ったのだ。

「私、この人と結婚するんだと思いました。なぜなのかわかんないんですけど」

香月さんは唐突に言い出し、それから力強い笑みを浮かべた。私が相槌《あいづち》を打つ前に、

「カンだと思います」

答えの曖昧《あいまい》さのわりに、はっきりと言った。

「彼は、私のことは何とも思ってなかったです」

今度は確信を持って付け加えた。実は、理由があった。C氏には学生時代からつきあい、同居している事実上の夫婦関係にある女性がいたのだ。それを承知で、香月さんはC氏と一緒に食事に行ったり、集まりに参加したりをしていた。特に2人の間で進展はなかった。

出逢ってから約1年後、タイの選挙を見に行くことになった。

「その時、私が好意を持っていることに彼が気づいていたかどうか、わからないです。たまたまタイに一緒に行くというだけで。でも彼とは常に一緒で、タイの女友達に会ったり……」

バックパッカーのような安宿に泊まる旅で、同室だった。ベッドはひとつだけ。それでも3日間、何も起こらなかった。

「何があろうとも、彼から手を出すことは100%ありえないと思ってました。だから最後の日の夜に、私から告白したんです。『え、そうだったの？』って、何でそこで彼がびっくりしたのか、私にも訳がわかりません。でも、私から告白したので、彼は安心したんだと思います」

香月さんの表情が柔らかく、温かいものにいつのまにか変わっていた。けれども、

「彼に抱かれたいと……？」

と、私が言った途端、

「抱かれるっていうかんじじゃないんですよね。抱かれるっていうのは『お願いね』ってかんじ。そうではなかった。結ばれたというか……。『あなたのこと、本当に好きで好きでたまらないの。結ばれたいの』って思いだったと思います」

さりげなく私の言葉を言い替えた。好きな人の話でほんわかしている時でも、さすが新聞社勤務、言葉に妥協をしない。

香月さんは、はじめてであることをC氏に言っていたわけではない。が、

「始まってから彼は一瞬ためらって聞いてきたんです。『大丈夫？　はじめてでイヤだったら僕はいいから』って。彼は、はじめてってことは特別なことで、勢いじゃないことを

念押ししてくれたんですね。私はすぐに『大丈夫』って言いました。本能で（この人で間違いない。大丈夫）って思えたと思います」

それからあとのことを、香月さんは本当かどうか「あまり覚えていない」という言葉で締めくくってしまった。晴れやかな笑顔で、

「本当によかったと思いました、それまで経験しないでおいて……。この彼で本当によかったと思いました。彼は、それで本当に私のことを好きになってくれたと思います」

と、私に言った。30歳過ぎまで勢いで経験しなくて本当によかったと、その笑顔が語っていた。

嫉妬するなんて10年早い

しかし、私には気がかりなことがあった。それは、C氏と同棲している、妻同然の彼女のことだった。「自由人」のC氏は、タイの旅行のことも彼女に伝えてきたかどうかも言わないので、香月さんにはわからなかった。

「でも、法律上の妻ではない。長年一緒にいても籍が入っていないってことは、何か理由

があったと思うんです。もし法律上の妻だったら、どうなってたかわからないですが」

同棲中の彼女にとって恐ろしいライバルが現れたのだ。しかも18歳も若く、彼の同志としてピッタリの活動的な女性が……。はたして香月さんは、愛する彼と結ばれたことにより、さらなる一歩を踏み出した。タイ旅行から帰ってきてまもなく、

「結婚を考えてほしいんだけど、どうですか?」

と、勇気ある前向きな質問をしている。もし私だったら、きっと自分から言い出せず、彼が動き出してくれるのをひたすら待っていたことだろう。愛する彼と結ばれたことにより、香月さんは、さらなる一歩を踏み出した。

しかし、彼は「わかった、考える」とだけ答えた。事実上の離婚をしないといけないとか、どんなにそれが大変なことなのかなど、どうのこうの逃げや言い訳を一切言わずに。

2人は入籍する日を決めた。その間、わずか6ヵ月。同棲中の彼女に話をして別れて、引っ越しをして……という大変面倒なことを、彼は1人でやり遂げなければならなかった。

カウントダウンが始まると同時に、香月さんのほうも本当に約束の日にすべてを片づけ

て、彼が自分の元にやって来るかどうか、心の揺れる毎日を過ごすことになる。その間にC氏は、香月さんの母親に結婚を前提の挨拶にも行っている。しかし、同棲中の彼女のことは、母親には言わなかった。

会ったことのない同棲中の彼女に対して、香月さんはどんな気持ちを抱いていたのだろうか。たとえば嫉妬? 私が尋ねると、香月さんは間髪《かんはつ》を容《い》れず、

「不安はありました。嫉妬? 不安? しませんでした。これだけの彼がパートナーと認め続けてきた人だから、ものすごくできている人に違いないと思ってたので、その彼女に嫉妬するのはお門違《かどちが》いです。私が、会ったこともないその人に嫉妬するなんて10年早いというか……。それだけに、きちんと別れられないんじゃないか、ズルズルいくんじゃないか、彼女が何か抵抗するのではないか……とか、別れて私と一緒に暮らす瞬間まで不安でした」

しっかりと自分自身を持つ香月さんでさえ、彼に「相手の女性に言えた?」の一言が彼に言えなかったのだ。

そして同居中の彼女は彼女で、何も言われないのに、目の前で長年一緒に暮らした相手が段ボールに自分の荷物を詰め込み、引っ越しの準備をしているのを目の当《ま》たりにしてい

る。いくら大人の女性とはいえ、香月さん以上に不安や恐怖心を抱いていたことだろう。

彼が事実上の妻に、「好きな人ができて一緒に暮らすことになったので出て行きます」と言ったのは、タイムリミットギリギリ。わずか2週間近く前だった。

「その時から彼女は声が出なくなったというのを、彼から聞きました。2人のことだから、私としてはどうしようもないけれども……この人を一生、絶対大事にしなければ、私はその彼女に対して申し訳ないと思ったんです」

夫妻の立場が逆転しているような、香月さんの力強い言葉だった。

おそらくセックスレスで冷えきっていた事実上の妻と、若くて結婚を考えている活動的な女性——圧倒的なパワーや将来性の違いを、私は感じていた。

年齢的には、同棲していた彼女のほうに私の年が近いので、自分を重ねてしまい、香月さんを祝福しつつも、私の心は多少曇っていた。もしかして、同棲中の彼女は結婚したいのに「結婚したい」の一言が言えなかったから、C氏は結婚しなくてもいい関係と、入籍を考えなかったのではないだろうか。そして、香月さんが「結婚を」と言ったからこそ、C氏も真剣に結婚に向かって動き出したのではないか。

100%よかった

C氏ははじめての時に、一度だけ「今までつきあった人はいないの?」と聞いてきた。それ以上は、踏み込んで聞いてこなかったという。

「30歳という年以降は、理性的な判断ができる年齢と思うので、私に関して言えば、30(歳)以前に経験しなくてよかった、必要はなかったと思ってます。肉体関係を結ぶことは、私にとっては第一のことではないんです。同じ方向を向いていられるかってことが大切なんです」

そのことをC氏は、タイでの最後の夜、つまり最初の時に理解したのだ。だから香月さんに言われた時、これまでの生き方から一歩前へ踏み出したのではないだろうか。

「ちゃんと宣言する性格でよかったですね」

私が言うと、香月さんは大きな声を上げて笑った。

「それをしないと、不倫みたいになっちゃいますからね。いくら彼女が法律上の妻ではないとはいえ……」

なんだか、のろけ話を聞かされている気分になってきたが、私はもう一度、香月さんに尋ねた。Ｃ氏に出逢う31歳まで、男性経験がなかったことをどう思うか——と。

香月さんは大笑いしていた口を閉じ、すぐに穏やかな表情を見せた。

「１００％よかったですよね。若いうちからその都度その都度、好きになった人と結ばれていらっしゃる方たちのこと、それはそれで私は、(すごくステキでいいわね、うらやましいわ)って思えるけれども、私個人、私の人生においては、これで本当によかったと思うんですよね。夫は、神様が私にくださった人生最高のプレゼントだと思っているんです。全然すばらしくはないんですけど、すごい理解者で同志。パートナーなんです」

香月さんは遠くを見つめながら、そこまで語り、今度は遠慮がちに笑った。照れが邪魔をしなければ、本当は晴れやかに笑いたかったようだった。

実は私は、香月さんの夫に一度だけイベント会場で会ったことがある。香月さんの言うように、ぶれずに芯の通った自由人と感じた。その夫を眺める香月さんの眼差《まなざ》しが、かつて見たことのない優しさで、私はちょっと驚いた。２人は穏やかな会話を静かに交わしていた。

香月さんを見ていると、年齢や周りに合わせてではなく、いかに自分にピッタリの人と結ばれるかが最重要と理解できる。

香月さんの言うように最初の時、多くの女性が相手のことを本当に好きになり、結ばれたのだと思う。ところが、恋というものはなかなか思い通りにいかない。年齢が若ければ、代わりの人が次々と現れてくれるし、不自由しないからなかなか続かない。

10代の子たちにインタビューをすると、

「周りが経験し始めたから私も……」

と、影響されて経験してしまう女性が少なくない。大事なのは、いかに早くいい男に出逢って経験するかよりも、何歳でもいいから、いかに自分にピッタリの男性に出逢えるか――ではないかと、香月さんの穏やかな笑みを見つめていて私はそう思った。

第七章

さやかさん

——何度フラれても彼がいい

やかましいんじゃい

「彼氏できたことないし、ネガティブツイート多いけど、そこまで自分が不幸とは別に思ってない。勝手に不幸扱いされることに憤《いきどお》りを感じますね。やかましいんじゃい」

さやかさん（仮名、30歳）のツイッターを見た時、私の心に溜《た》まっていたモヤモヤが、スカッと落ちた気がした。人の不幸話が、幸せ話より好きな人は多い。そして皆と違うと、すぐに不幸扱いされたり、いじめられたり、差別されたりもする。

私が最初の夫である米軍人との結婚を決めたのは、あまりに皆から「どうせ遊ばれてるだけ」と言われ続けたため、意地と勢いからだった。結婚パーティに訪れた人たちのほとんどが、「すぐに別れる」と確信して、それでも「おめでとう」と言ってくれていたと思う。まだ外国人に対して差別の心が強く、デパート内や道で子供が外国人の肌を平気で触りに行くような時代だった。

結局は結婚に至るまでより、離婚に至るまでのほうが長くかかった。別れた途端、結婚パーティ以来、離れてしまっていた人たちが「かわいそうにね」と戻ってきてくれた。離婚は不幸ではなく新しい第一歩のスタートでありおめでたいことと私は思っていたが、人は私を不幸にしたがった。皆、眉根《まゆね》を八の字にして悲しそうな表情を作り、心のほうは嘲笑するように見え見えで、（やかましいんじゃい）と、私も思っていた。

内容は違うけれども、同じようなことを思った経験のあるさやかさんに、ぜひ話を聞いてみたいと強く思った。いったい、どんな女性なのか……。

待ち合わせ場所である大阪・梅田《うめだ》のホテルに現れたさやかさんは、ベージュのワンピースと同色のカーディガンを着て、リボン付きヒールを履いた、見るからにオフィス街で働く清楚でセンスのいい女性だった。きれいなうなじと左足首のアンクレットが、特に私の目を引いた。東京で言えば、丸の内の女性タイプだ。

顔は優しく笑いながら、心のなかで「やかましいんじゃい」と吐き捨てて、心の処理をしていたのではないだろうか。私は順を追って、彼女から「男性未経験」人生を語ってもらうことにした。

勇気出ぇへんくて

さやかさんは大学を卒業後、携帯電話会社の代理店に就職した。６年後、今のＩＴ関連会社に転職。日々、スマホ機器関係のトラブルに対応している。

2年前、29歳の時に転職をしたのは、「人間関係とスキルアップ」のためだった。しかし、未経験で入社したので、ボーナスは約2ヵ月あるものの、給料が手取り20万円超から17万円に減ってしまった。そこで、自宅で1日平均2～3時間、ウェブライターの副業をしている。やったらやっただけ収入になるということで、収入は月に6万～8万円、これで減った給料の埋め合わせをしている。

今はひとり暮らしをしているが、家族は両親と6歳年下の弟がいる。父親は九州男子で、濃い系の頑固親父。自宅で出張修理を仕事にしている。母親は介護施設で働いている。弟は会社員だ。家族関係は、「柔らかくもなく厳格でもなく、何でも話し合える関係でもなく……」一般的だと、さやかさんは言った。

さやかさんはのちに大学へ進学するが、父親は「女の子が大学へ行ったところで……」という気持ちがあったので、さやかさんは高校卒業後の就職を考え、商業高校へ進学した。簿記など皆、資格を取るために毎日が一生懸命で忙しかった。さやかさんもその1人だったが、活動的なさやかさんは生徒会の役員や文化祭の実行委員などもしていた。商業高校なので、女子のほうが多少人数が多く、男子のほうがおとなしかった。

実は、さやかさんは高校2年生から2年間、同じクラスのA君と仲よしだった。

「何がきっかけで一緒に遊びに行くような仲よしになったのか覚えていないんですが、友達のお誕生日プレゼントを見に梅田に一緒に行ったり、ホテルのデザートバイキングに連れて行ってもらったり、夜景を見に神戸《こうべ》へ行ったこともありました」

夜景？　夜景を一緒に見たら手くらいつないでハグをしてキスをして……これが一般的な夜景デートコースだ。しかし、

「いやぁ〜。手もつながなかったですね。夜景を見に行くんだから、頑張って告白しようと思ってたんですけど、勇気出ぇへんくて終わっちゃいましたね。向こうも何もしてこなかったし、言ってこなかったし……」

大阪人らしく、さやかさんは、高めの声でポンポンとテンポよく話す。しかし私がもう一度、

「手さえつながなかった？」

と尋ねると、黙って下を向いた。

それからようやく、

「でも、ずっと好きでしたね」

低い声で言って、息だけで笑った。

「彼氏いたこともないし、告白されたこともないし、行為ももちろんしたことない。でも、どうしても高校の時好きだった人が忘れられない」

と、さやかさんのツイッターにつぶやかれていたその人とは、A君のことだったのだ。

そう言えば私も、今の夫とまだおつきあいする前に、神戸の六甲山《ろっこうさん》に夜景を見に行ったが、雪の降ったあとで寒すぎて、やっぱり手を握るどころか何もしないで、すぐに車に戻ったことを思い出した。

結局、さやかさんは夜景を見に行ったあともチャンスがなく、告白せずじまいで卒業になってしまった。律儀に告白しなくても、成り行きや流れでつきあうことになるカップルもいっぱいいると思うが……。

「どうなんですかねぇ……。ちゃんと何らかの言葉を交わすっていうのは……やりたいですよね」

さやかさんの、真面目でキチッとした性格がうかがえる言葉だった。

彼女を作られちゃった……

高校卒業後、さやかさんは奨学金を得て、大阪府内の私立大学へ進学した。いっぽう、A君は京都の鉄道会社へ就職した。卒業後も、しばらくは一緒に神戸や京都へ行ったりしたのだが、A君の仕事は夜勤が多く、今までのように簡単に会えなくなってしまった。それでも連絡は取り合っていた。

ところが、決定的なできごとが起こった。高校を卒業して4ヵ月後、さやかさんが大学1年の夏休みのことだった。

「これまでみたいに、遊びの誘いの連絡をしたんです。そしたら、『彼女ができたから、2人じゃ無理』っていきなり。むちゃくちゃショックでしたね」

なんて、思いやりのない冷たい男……。さやかさんは、その時を再現するかのように私の前で肩を落としている。よっぽど好きだったのか……。

「いつのまにか、彼女を作られちゃった……」

さやかさんは、苦しみをごまかすように息を漏《も》らしながら笑った。まるで自嘲しているかのようだった。

「頭きますよね……」

私はそう言うのが精いっぱいだった。さやかさんは、

「はい……」

と言ってから、怒りか悲しみか悔しさか、とにかくネガティブなものを呑み込んだ。

「でも、好きだった……?」

しつこいとは思ったが、確認のために尋ねてみた。

「はい」

さやかさんは力なく下を向いたまま、小さい声ではっきりと答えていた。

あんなにA君のことが好きだったのに、さやかさんは、彼女ができたのならと一旦ケジメをつけ、連絡を取らなくなった。いかにも筋を通し、律儀なさやかさんらしい。

男の人はもうええわ

ところが、彼女ができて数ヵ月後、何ごともなかったようにA君が普通に連絡をしてきたのだ。

「彼女と別れた⁉ えらい短いなと思いました。『自分のことを彼氏候補として見てほしい』ってサラッと言ってくるんです。ちょっと疑いつつも、嬉しいと思っちゃって、電話が来た数日後に会うことになりました」

「彼氏候補」とまで言われたら、誰だって期待をしてしまう。ましてA君は、自分の自宅近くの公園へと、さやかさんを誘導していったのだ。これは何か起こる！ そう期待するのはさやかさんだけではない。ところが、

「フラれたんですよ」

さやかさんは、低い声ではっきりと言った。

「え……？」

と、答えたまま、時間が止まったと私は思った。

「え⁉ ってなるじゃないですか。そのあと私が何て言って、何て言われたか、全然覚え

てないんですけど、私、あの人の前で泣いたことは覚えてる。泣いてたらハグされて……」

自分からフッておいて、フッた相手をハグするとは、なんてお調子者か。私の心のなかに怒りが湧き上がってきて、止まらなくなっている。

「ハグされた⁉」

私が繰り返すと、さやかさんは無言で顎を引いた。心が締め付けられて、とても苦しそうだった。心なしか目がピンクに光っている。ショックすぎて、ハグされて何と言われたかも覚えていないという。そのあと、さやかさんはちゃんと家へ帰れたのだろうか。

「自転車で行ってたんで、自転車で泣きながら帰ったと思います。あんま覚えてないけど……」

この緊張感のなか、私は噴き出してしまった。自転車で好きな人に会いに行って、自転車を漕《こ》ぎながら涙するなんて、自転車人口の多い大阪人らしい。お愛嬌《あいきょう》があって、ほのぼのとしている。だからA君も、さやかさんがいっぱい傷ついていると気づかず、お調子に乗って繰り返しコンタクトを取ってくるのだろうか。A君は、自転車をしっかり漕いでいるさやかさんのうしろ姿を見て、まさかまだ泣いてるとは思わず「大丈夫」と判断してしまったのではないだろうか。

「また恋が終わって、そっから長いこと、めちゃめちゃ引きずってしまいました。3年経って社会人になった時は、さすがにA君の存在も忘れるくらいピンピンしてましたけど、(男の人はもうええわ)と思ってました」

二度にわたって、ひどいフラれ方をされているにもかかわらず、さやかさんは、

「全然嫌いにもなれなかった」

と言った。自分がフッておいてハグして、慰《なぐさ》める……という第三者的冷酷な態度を取って、散々さやかさんを振り回したA君のことをそれでも好きってどういうことなのだろう。A君はいったいどんな男性なのか。かえって興味が湧いてきた。芸能人にたとえると、どんなタイプだろうか。

「芸能人では、よくわからないんですけど、目がパッチリ二重で、眉毛もキリッとしてて、鼻が高くて……けっこう整っていて、顔がきれいなんですよ。絶対モテると思うんですよね。たぶん、私が新しい恋愛に踏み切れない一番の理由はA君だから……。やっぱ優

しいですしね」

「優しい？」

私は聞き返した。A君のどこが優しいというのか。さやかさんのことを振り回してばかりいる、ただのお調子者のわがまま男ではないか。なのに、さやかさんはA君のことを「優しい」と言って褒める。世の中には優しい男性がいっぱいいる。A君が優しいと思えるということは、よっぽど本当に優しい男性との出逢いがなかったのかもしれない。

母親は「好きにしぃ」と

さやかさんは肌はツルツルだし、清楚できれいな女性だ。男性がこれまでアプローチしてこなかったわけがない。まずは、一般的に恋愛のチャンスがいっぱいある大学時代はどうだったのか。

さやかさんは大学時代、広告研究会というサークルに入っていた。サークルでは他の大学の学生たちとの交流もさかんだったそうで、華やかというか派手というイメージの男性がいっぱいいいたのではないか。

「そもそも男子が少なかったので……」

私の期待は見事にはずれてしまった。

「サークル内で先輩と後輩がつきあっているという話はすごくありましたけど、私はサークル内での誰かを好きになるってことはまったくなかったです。女子の友達と京都へ遊びに行ったり、ＵＳＪ（ユニバーサル・スタジオ・ジャパン）へ行ったり、いろんなことは活動的にやってました」

と、そこまで言ってから、

「引きこもってたわけではないので……」

と、一言付け加えた。

さやかさんは、ごく普通の学生生活を送っていたようだ。私の大学時代など、つきあってる人がいて当たり前のようなエネルギッシュな雰囲気が学部内にあって、常に恋の話が咲いていたが、今はこれが普通の大学生らしい。

「彼氏がいる子もいたし、いてない子もいましたね。○○君が、さやかのこと好きみたいと言ってくれた女友達もいましたけど、大体ひやかし半分。そういう子も男友達としてはいい子だったんですけど、私があまりつきあう気にはなれなくて……」

恋人探しでなく、サークル活動と女友達とのつきあいをしっかりやっていたようだ。やっぱり真面目なさやかさんらしい。大学を卒業し就職すると、大学時代にサークル関係でつきあっていた子は、すぐに結婚をした。結婚式にも当然、呼ばれる。

「2人の姿を見て、すごい、いいなぁとは思いましたね。でも（まぁ、おめでとう）くらいしか結婚に対しては私も思っていなくて……。自分が結婚して……と置き換えてみても全然イメージが湧かなかったです」

ブーケを投げられ「次はあなたの番よ」と言われるような機会もなかった。さやかさんの両親も、結婚について何も言わないそうだ。「早く結婚しなさい」と家族が言わないのが、今の普通なのだろうか。

「母親は本当に『好きにしぃ』ってカンジ。だから結婚してないことに対してのプレッシャーは特にないですよね」

それで、急いでお見合いをしたり、結婚をする必要もないのだろう。人生は長いので結婚は、何歳になってもできるし、何回だってする可能性もある。しかし出産に関しては何歳でもいいというわけではなく、人それぞれ限られた年齢がある。

「私、子供があんま、そこまで欲しいとは思えなくて……。どうなんですかねぇ」

反対に聞かれてしまって、私は言葉が出てこなかった。

なんやねん、今さら

就職してからも、さやかさんにはけっして出逢いのチャンスがなかったわけではなかった。前の会社の同期の男性と仕事後、何回か2人で飲みに行ったこともある。

「そもそもそういう対象として見てないんです、私も向こうも。単なるお友達ですね。飲み終わったら『じゃあ、お疲れ』って。あっさりしてます。それ以上に発展しようとは思わない。そういう関係だからこそ（体の関係は）ないほうがいいですよね」

酔ったついでに、その男友達に誘われてなんてことは、世間ではありがちなことだが？

「ないですね」

即答だった。どうしてだろうか。よく「妹として」とか「友達時代が長すぎて」とかで、異性として見られないとされてしまう女性がいるが、さやかさんはそういうタイプで

はない。これ以上は侵入禁止と、その都度バリアを強く張ってしまっているのだろうか。私がそれを言うと、

「そうなんですかねぇ……」

さやかさんは首をすこしだけ傾げた。

「前の会社の時、いいな……と思って、『○○行きませんか？』って、私なりにアプローチをかけて、2人でちょっとデート……デートって言い方までいかないんですけど、行ったりはしてたんです。あとすこしで……けっこう思わせぶりな態度が相手にあったんですよ。でも気がついたら、その人は他の人と結婚してた。その結婚は、元カノと授かり婚やったんです。ショックというより、一気に引いてしまいました」

なんだか、さやかさんの身の上には似たようなことが繰り返し起こっている。これでは後《あと》を引くわけだ……と私は勝手に納得していたが、

「いえ。その件で引きずったことは全然ないですね。高校生の時に好きだった子から2年前、SNSで急にまた連絡が来て……」

また、あのA君が戻ってきたというのだ。わざわざ誘いをかけてから、一方的にフッて

おいて、それから10年。いったい、どれだけさやかさんの心を弄《もてあそ》んだら気がすむのだろうか。聞いただけで私はむかついてきたが、ここはグッとこらえて、さやかさんから話を詳しく聞くことにした。

「『会いたい』って。すごい言ってきてくれたんです」

A君はSNSで、会う前に、

「彼氏おるん?」

と聞いてきた。

「いてない」

と、さやかさんが返事をすると、

「自分も（彼女）いないから、京都へ（さやかさんが）来た時、案内するわ」

と、恋人に昇格しそうなことを返してきた。（何があったんや）と訝《いぶか》りながらも、期待して10年ぶりの再会へと向かったさやかさんだった。

「（え?　なんやねん、今さら）って思ったんですけど、めちゃくちゃ連絡が来るんで、また会ったんです。大阪で夜会って、ご飯食べたあと、手をつないできてハグもして、やっぱ優しくて、思わせぶりな行動をしてくるんです」

10年ぶりなのに、あの時のまま変わっていない。A君はワンパターンでしか女性を落とす方法を知らないのだろうか。そのワンパターンしか手法がないと感づいているにもかかわらず、またさやかさんは惹かれていってしまう。

「『彼氏おった?』と会った時に聞かれたから、私は嘘をつけないタイプなんで、正直に『おったことないねん』って言いました。『ほんなら大切しなあかんな』って。ふざけてるカンジではなかったから、期待しちゃうじゃないですか。なのにハグとか手をつないだりの先に進展しないんです。話すのは仕事のことばっかり。夜勤が多くて忙しいA君の仕事のことはよくわからないから、聞き役になるだけで。それで私が、ちょっとモヤモヤしてきてしまって、聞いたんですよ。『私のことどう思ってるの?』って。そしたら、『かわいいとは思ってるけど、つきあうとか考えてない』って。つきあう気がないのになんで……私なんかすごい……」

さやかさんは、その先の言葉を呑み込んでしまった。静かに呼吸を繰り返しながら、一生懸命落ち着こうとしているのが、私にもわかった。

では、その握ってきた「手」は何のための手だったのか。さやかさんに会って話を聞いてもらって癒《いや》され、満足したお礼ということなのだろうか。それなら、もっともっと優しくてもいいはずだ。さやかさんはA君のことを「優しい」と言うが、私にはさやかさんが「自分勝手な男」に引っかかったとしか思えなくなってきた。私がそう言うと、さやかさんは息だけで苦々しく笑った。

「私、あとで、ラインでなんか言った気がします。結婚適齢期の女の人にそんなんばっかりやったらあかんで！　みたいな意味のを……。返事はなかったけど。それからは会ってません」

でもA君のことは？

「まだ好き……。気持ちがふっ切れてないんですね」

さやかさんは、斜め下を向いた。私はA君のことを悪く言いすぎたと、ちょっと反省した。

「何のために会いたいのか、最初に聞いておけばよかったと思いました。高校の時、すごいカッコよかったから、今の彼が、どういうカンジになってるか見てみたかったっていうのもあったし……」

ポツリと付け足した。

彼氏いない歴＝30年

さやかさんは、ツイッターでこういうつぶやきもしている。

「前職の人に『なんで彼氏おらん？』って言われたことあるけど、そんなもん私が知りたい(笑)。30年生きてきて、できないもんはできないんやから、この先もできないでしょう」

さやかさんのツイッターにある「できない」理由は、A君なのだ。A君のほうからちょっかいを出してきてはさやかさんを傷つけ、そして去る。まるで、さやかさんで自分のストレスを解消をしているかのように。そのA君だって実は、さやかさんに会っていない間、あちこち女性とつきあっては別れを繰り返し、それでもさやかさんから完全に離れられないでいる。

話を聞いていると、実はA君が凧《たこ》で、さやかさんが紐《ひも》で、2人は結ばれているようにも思えてくる。ただ、A君は長い糸の先であっちへ行ったり、こっちに飛んだりしているだけのようにも見える。その凧の紐をさやかさんが自ら切らない限り、前へ進めないのかもしれない。

けれども、さやかさんはけっしてこのままでいようと思っているわけではない。A君の呪縛から解かれるためには、さやかさんを心から満たしてくれるような人と出逢う必要がある。友人も1年前、さやかさんに同じ年齢の美容師さんを紹介した。

「その子が悪いとかじゃ全然ないんです。でも、どうしても私が恋愛感情を持てなくて、フェードアウトしてしまった。髪型が奇抜な時もあって、（あぁ……。そんなカンジの人なんや）ってちょっと思いましたね。進展は全然」

友達の紹介ということはその美容師さんは、とてもいい人とは思うのだが、さやかさんの言い方で私は、見かけが派手な男性はあまりタイプではないと感じた。

コロナ禍もあり、人と出逢う機会が減ってしまった今、多くの人がマッチングアプリや、婚活エージェントを通して結婚相手や恋人を見つけている。しかし、さやかさんは、そういう出逢いに対しては、消極的だった。

「お見合いとか、マッチングアプリとか、恋愛がちらつくような出逢い方は、あんまりなじめない。なんかどうしても……。向こうの人が、そういう恋愛感情を持ってくれた場合があったとしても、私はピンと来なくて、私は友達としてつきあいたい。友達としてやったらいいなって、せっかく思えてたのに、それでは関係が成立しない。相手が恋愛対象と見てたら、(好きにならなぁかんな)みたいな変なプレッシャーがあるというか……。たとえば職場とか、何かの集まりとかで接点があって、(この人いいな)(こういういいところぁるんや)って、ちょっとずつ好きになっていくっていう自然なパターンが……」

A君だけでなく、過去に好きになった人は皆、その自然なパターンだという。ところが、年齢を重ねていくと問題が出てきた。

「ちょっとでもいいなと思った人は、この年齢になると、相手に特定の人がいることが多いんですね。人の幸せを壊してまでは、って思っちゃう。会社では、おじさんが多くて若い子が全然いないし、取引先との関わりが全然ない。現場で働く人のなかには若い子もいるんですが、皆、現場へ行っちゃうので接点がないし、たまに(接点が)あったとしても『パソコンの調子が悪いんですけど』とかくらいで……。なかなかA君を超えてくれるような人が現れない。こんなん言ってたら、一生出逢えないんですけど……」

さやかさんはすこし首を傾げて小さな笑いを浮かべた。アウトドア派ではないと、一目でわかるようなきれいなうなじだった。

「彼氏いない歴＝30年。出逢いはそれなりにあったはずなのに一切モテず。奥二重（目）＋一重のバランス悪い系」

と、さやかさんはツイッターで、つぶやいている。私はその涼しげな目が大人の女性っぽくて、かわいいよりかっこいいという印象を持った。それにモテなかったわけではないと私は思う。さやかさんはA君のことが心から離れないでいるので、周りを見る余裕がなかったのだ。もしかしたら、近くにさやかさんを見ている男性がいるかもしれない。「いない」のではなく、アンテナを立てていないだけなのだ。

誰でもいいってわけではない

やっぱり恋愛でないとダメなのだろうか。世の中には、相手のことを好きとかでなくても、ただ初体験をすませてしまいたい女性もいる。

「そういう人もいるんやなぁって。全否定をする気はまったくないんですけど……」

さやかさんは、またすこし首を傾げて、しばし間《ま》を取ってから続けた。

「私は、誰でもいいってわけでは本当にないので。してもいいなと思える人と出逢えたら、先に行くことがあると思うんですね。でもやっぱり恋愛の先でないと……」

ということは、恋愛が成立しないと、このままずっと未経験のままになるかもしれない。なんかもったいない。

「もったいない……って気持ちがないとは言えない。でも、(男性経験が)ないならないで別にいいですけどね」

ため息のような息と一緒に吐き出した言葉には、力がこもっていなかった。

「好きになって恋愛し、身も心も結ばれて結婚」という、さやかさんの理想パターンは、どうしても譲れないらしい。私も譲ってほしくないと思ったが、妥協して、お見合い結婚とかはどうかと一応尋ねてみた。

「あ～嫌ですね」

すぐにしっかりした声で答えが返ってきた。

「そもそも妥協された相手に失礼かと思っちゃいます。結婚って多少なりとも何かは我慢しないとダメかと思いますけど、なんか我慢してまで行きたくないなと思ってしまって……」

やっぱり、それ（自然なパターン）なのだ。さやかさんは返事の代わりに、すこしだけ笑ってみせた。その自然な理想パターンを持てるのも、さやかさんが自立して生活ができているからだろう。今後については、どういう設計を立てているのだろうか。

「自分でマンションを買いたいと思ってます。自分の力で、マンションの1部屋を買うことができたら、自信持てるかなと思って」

半分は予想と期待していた返事が返ってきた。自分の城を手に入れてしまうと、守らなくてはいけないものが増えてしまう。ネコ好きな私が人のことを言える立場ではないが、ネコやイヌがいたら、（この子たちのために頑張らなくては）となってしまう。

人との出逢いは難しいが、マンションとの出逢いは人ほど難しくないし、裏切ったりしない。真面目なさやかさんのことだから、自分の城は遠からず、実現させることだろう。ただ、あと2、3年と言うが、さやかさんは未だに奨学金が残っており、毎月1万6000円を返済をしている。

「最近、ツイッターで、結婚する相手の奨学金の有無を気にする人もいてるみたいです。奨学金のある人はちょっと……と言われたくないなと思って。とりあえず奨学金返済を終わらせて、借金から解放されたら、次は家のローン。自分の身に何かあった時はどうしようかなとちょっと思いますけど、健康で働ける時に頑張って貯めておこうと思ってます」

朝6時半に起床し、仕事は9時から17時15分まで。家に着くのが18時。副業が19時から22時。節約のために夕食は自炊をしたり、スーパーで総菜を買ったりで、外食はめったにしない。ランチはほとんどお弁当。休日は家の掃除や溜まった家事をしてすごす……と、パターン化された一見地味な生活に思えてしまうが、実はさやかさんは、2019年から楽しい刺激が増えて、けっこう忙しい。

勝手に不幸扱いせんといてくれる

「ライブです。2年間、コロナであまり行けてなかったけど、今年はいろいろ解禁されて、めちゃくちゃ行ってますね。10回以上です」

A君のことを語る時よりもはるかに力がこもっている。20代後半でバンドにはまるとは、かなり遅いデビューだ。

「まさか、自分がこんなにはまるとは思ってなかった。行き始めた時もあんま……」

もともとは、さやかさんが高校生の時、椎名林檎《しいなりんご》さんのファンになったことが、ライブのきっかけだった。それからずっとライブには行ってなかったのだが、前職の時代、人間関係がイヤになり、現実逃避したくて、ユーチューブでいろいろなアーティストの曲を聴きまくっていた。その頃、UNISON SQUARE GARDEN《ユニゾンスクエアガーデン》という3人組のロックバンドに出逢い、ファンになったという。

「たまたまそのバンドが結成15周年で、大阪の舞洲《まいしま》広場で記念ライブがあると知って1人で行ったのが、追っかけのきっかけでした」

さやかさんは、肩をすくめて小さく笑ってみせた。「丸の内のお姉さん」風から「かわいい女の子」に変わっていた。

「私、過激な追っかけはやらないです。いつも基本1人、健全です。追っかけついでにその土地の名物を食べて、ちょっと観光して満足して帰る。仙台《せんだい》もずっと行きたいなと思ってたので、今年、ライブに行けて、やっぱり仙台よかったです。牛タンとか食べ物もおいしかったし。国内旅行って趣味のついでにライブにも行ける……」

コロナ禍で行動制限があった3年間を埋めるように、最近は月イチくらいの割合でライブに行っていながら、「熱心ではない」とさやかさんはマスクの奥で笑顔を作る。

「月イチなら、わりと熱心では？」

と、私が言うと、

「まぁまぁ……」

さやかさんは笑って逃げた。

それでは、毎日数時間の副業も必要な楽しみになる。全国のライブに行けば、交通費や宿泊代などがけっこうかかる。バンドにはまったくアプローチしないとはいえ、旅行をするならおしゃれもして行きたい。

「……ですね。チケットは6000円くらい。安くはないですね。あとグッズとか……」

さやかさんはわざわざ付け加えてくれた。UNISON SQUARE GARDEN はTシャツやジャケット、タオルなどいろいろなグッズを販売していて、価格は高くも安くもないが、ライブに行くたび、何か買いたくなるというもの。私も、劇団四季《しき》の舞台を観に行くたび、何か買わずには帰れない。ファンとはそういうものなのだ。

「普段、スーパーとかで高めのお肉とかは、いつも躊躇《ちゅうちょ》して買わないのに、チケットは何も考えんと応募するんで。お金をかける優先度が違いますよね。それでライブがあるから、副業をもうちょっと頑張ろうってやってます」

さやかさんがライブに行くようになったのは、ごく最近のことだった。A君に会っていた頃は金銭的に余裕がなく、追っかけができなかったのだ。

「今は、けっこうゆとりがあるので……」

さやかさんは柔らかな表情を私に向ける。

「楽しそうですね？」

「楽しいです」

即座に明るい声が返ってきた。今のさやかさんなら、彼氏がいなくても十分に充実した毎日を送っていけそうだ。

「(彼氏いなくても)全然。もう……。彼氏がいたらいたでいいなと思う時もたくさんあるんですよ。でも、いないからといって、私、自分が不幸だとかまったく思っていないんです。いなくてもすごく楽しいから『勝手に不幸扱いせんといてくれる？』っていうのがあるんです」

それは、SNSで不幸扱いしてきた人たちへの返事でもある、と私は思った。

いくらA君のことを好きでも、何年かに1回会うたびに傷つけられるなら、1人でも毎日が楽しいほうがよっぽどいい。私は仕事以外では、いつも1人行動が好きな「おひとりさま」だが、さやかさんも「おひとりさま」ができて、それが楽しめるタイプなのだ。

「おひとりさま」ができない人にとっては、非常にわかりづらいことかもしれないが、人に合わせなくてもよくて、何でも自分で決定して行動できる「おひとりさま」はストレスフリーで、とても楽だと私は思う。

10年後、どうなんやろ……

とはいえ、さやかさんは10年後も追っかけをしているだろうか。そのバンドに飽《あ》きることもありうる。

「どうなんですかねぇ……。10年後ね。どうなんやろ……」

さやかさんはすこし遠くに視線を移しながら、自分自身に問いかけていた。

「全然考えてなかったけど、とりあえず無駄遣いを減らして貯金したいって思ってました……」

A君の呪縛から解ければ、自分の生活を大切に積み上げていけそうな気が、私にもした。しかし、「疫病神」と言うには神様とさやかさんに失礼だが、またフリーになったA君=疫病神がいつ、さやかさんの元に戻ってくるかもしれない。これまでを振り返れば、高い確率でA君は現れそうだ。

「1回会おうかなと思いますけどね」

また？　会う？　信じ難かったが、それでもさやかさんは拒否をしない。さやかさんはA君のことがよっぽど好きなのだ。

「私に特定の人がいない限りは……。本気という態度が見えたら別ですけど、話半分で流しときます。口だけやったら何とでも言えるんや、っていうのがようわかったんで……」

目を輝かせて、陽気にライブの話をしていた時のさやかさんとは別人のようにおとなしくなった。男性未経験から彼女を卒業させる相手は、A君しかいないのだろうか。しかし、その時もまたさやかさんを傷つけて、去っていくかもしれない。だからこそ、さやかさんは自然な出逢いという理想の恋愛に憧れているのではないだろうか。

さやかさんは現在30歳、これまで生きてきた年齢より2倍以上、これから長く生きることになる。A君のことをずっと好きでい続けることができる保証はない。ライブをきっかけに掴み始めた充実した毎日を大切にして、さやかさんらしいぶれない生き方を貫いてもらいたい——私は彼女の優しい横顔を眺めながら、そう願っていた。

第八章

真衣さん

――30人と「試し」てもだめだった……

20歳の時の「最初の人」

「はじめて試してみたのが20歳を過ぎた時、それからいろんな人と試してみたんですけど、途中までで、最後までできたことがまだ1回もなくて……」

コールセンターで働いている真衣《まい》さん（仮名、32歳）は、高い声で流れるように話し始めた。タレントの高橋真麻《たかはしまあさ》さんの話し方に似て、さわやかだ。

真衣さんに会った途端、まず私の目に飛び込んできたのは、グレイのセーターからはみ出しそうなほど立派な彼女の胸だった。真衣さんは、肉感的なスタイルで、薄化粧でも十分に愛らしい、男性に惹かれやすいタイプだった。なのに、未だ一度も男性経験がないという。真衣さんを見た人なら、誰もがきっと未経験とは思わない。むしろ経験豊富な女性という印象を持つだろう。

いったい、20歳の時から32歳の今日までの12年間に何があって、なかったのか。私は、真衣さんに20歳の時から順を追って話してもらった。

真衣さんの「最初の人」は、同じアルバイト先のホテルで配膳の仕事をしていた21歳の男性だった。

「おつきあいを始めてから、そういう流れになって、ラブホテルに行ったんですけど、ダメでした。すごく痛くて苦痛で、指1本まともに入らない状態なんですよ。彼にははじめてと伝えてあったので、『ゆっくりでいいよ』って言ってくれたんですが、あまりにも私が痛そうにするので、彼のほうから『やめようか』と言ってくれたんです。それで私、はじめてわかりました。皆、当たり前にしていることが私にはできないんだ……って」

それで彼は？　と尋ねると、

「何も……」

真衣さんの左頰のホクロがすこし歪んだ。

宮崎市内に住んでいた真衣さんは、男性に対してまったく興味がなく、縁もなく、無難に10代を過ごした。両親は離婚しており、祖父母と母親の4人でずっと穏やかに暮らしていた。祖父母に迷惑をかけないよう、家と学校との往復だけの健全すぎる高校生活。服装にも気を遣わず「だらしない見た目だった」という。高校は共学だったが、もともとは女子校で、同じクラスに男子は2人しかいず、女子校同然と言えるような高校生活を送ってきた。

20歳になって、「男っ気」のなかった真衣さんにやっとやって来た初体験のチャンスだったが、「不性交」に終わってしまった。それで、彼とはどうなったのか？

「はっきり相手に言われたわけじゃないんですが、（別れの）雰囲気を私が感じてしまったので、『もう、こうやって会うの、やめよう』と、私のほうから言っちゃいました。実際、その先も『できない』ってことが原因で別れたことが多かったし……」

その後、24歳で東京に出てくるまでの4年間。真衣さんは、男性とつきあうことも、つきあいそうになることもまったくなく過ごしてきた。

「仕事で遅くなる日も、祖母が起きて待っていてくれちゃうので、飲み会には行かれませんでした」

真衣さんにとって、それが不満でも何でもなく、普通だった。家族から彼氏のことや結婚のことについて聞かれることも、急《せ》かされることもなかった。今日の真衣さんのファッションを見ても、グレイのセーターとロングスカートという地味めなコーディネイトで、外に遊びに出かけたり、皆と騒いだりといった生活からは遠そうに思える。

何回やってもダメでした

24歳の時、会社の業務縮小をきっかけに、真衣さんはあてもなく東京へ出てきた。よくあることだが、手っ取り早い収入のため、真衣さんも夜の接客業に就いた。都会の男性との出逢いは十分にあった。そこで真衣さんは、30代のお客の1人と「できるようにしてもらうために練習としてつきあってもらった」そうだ。

「私、あんまり男の人を好きになったことがなくて、恋愛とも言えないカンジなのに、試してみたくて、流れでホテルへ」

あらかじめ男性経験のないこと、できなかったことを相手に伝えていた。彼は、「できるといいね」以外、特に何も言わなかったというが……。

「何回やってもダメでした。日にちを変えて何回か試してみたんですけど……。ローションを塗ってみたり、小さいおもちゃでちょこっとずつ慣らしたりしてみたりもしたんですけどね。指とか何かを入れるってことにすごい抵抗があって難しい……」

「開通しなかった……?」

私が尋ねると、真衣さんは小さい声で、

「はい……」

と、頷いた。そうして眉尻を下げながら、話を続けた。

「痛みにどうしても耐えられないんです。いろいろされても、『気持ちいい感覚や感じる』ってことがわかんなくて。濡れることは濡れるんですけど……。『痛い』ということが頭のなかでいっぱいで。その人ともダメとわかったから、また違う試せる人を探し始めました」

その頃だった。真衣さんが友人と飲み屋に行き、そこのママと出逢ったのは。その店は客層が良く、自由な発想の明るい男女客で繁盛していた。ママに気に入られた真衣さんはその店で週2回、アルバイトとして働くようになった。真衣さんから「できない」事情を知ったママは、常連客で「試し」に協力をしてくれる善良な男性を次々と紹介していった。

「達人と言われている人もいましたけど、いろいろしてもらったわりには、あんまり気持ちいいとは思えなくて、他の人と変わらなかったです」

真衣さんは気まずそうな顔をしながらも、小さく笑った。「達人」と思い上がっている人に達人はいないのでは？　と私は思わず笑ってしまった。真衣さんは苦笑いを一瞬してから、遠慮がちに続けた。

「ちっちゃい人ならできるかもと試してみましたが、やっぱりダメでした。体位を変えたり、いろいろ試してみても、やっぱり指1本さえまともに入らない。一生懸命やってもらって、奇跡的に指2本がすこし入ったのは1回だけです。でもその時だけで、それ以降は全然」

メロンのように大きな胸に惹かれてか、「試し」を挑《いど》んでくる男性には不自由しなかった。胸を見ながら「ほんとうにダメなの？」「俺が試してあげようか？」と皆、興味津々の顔で聞いてくる。その男性たちも一生懸命取り組んでくれたものの、やっぱり進展はなかった。

「相手の人が、『力を抜いて』ってよく言ってました。それでもなかなか……。その力の抜き方も私にはよくわからなくて。ある程度のところまでいくと、どうしても固まっちゃうんです。私のなかの感覚で、固い壁みたくなっちゃって、それから先はどうしても進めないんです。相手の人は皆、一生懸命進もうとしてくれるんですね。でも、どうしても……」

真衣さんは、クリニックにも行って診てもらった。しかし、特に身体的異常はないと医師は言った。

「手術は、よっぽど小さい人しかしなくて、大体の人が気持ちの問題だからって、治療もしていないそうなんです」

しかし、その痛みは、真衣さんが今まで経験したなかで一番痛い、骨折の痛みや火傷《やけど》や擦過傷《さつかしよう》をはるかに超えているそうだ。

「はじめての時がものすごく痛かったので、怖くて力が入っちゃって、余計に痛く感じるのかもしれません。入口付近に指が触っただけでも、すごい痛く感じてしまう。周りは皆、当たり前のようにできてるし、子供を産んでる友達もいるから、今さら私も人に相談しづらいんです」

確かに、自分が少数派のなかに入っていると、言うほうに悪気がなかったとしても、どんなに傷つく言葉を浴びせられるかしれない。唯一、その話をできるアルバイト先のママでも、「最初は誰でも痛いものよ。どうしてもそれは痛いものなんだから」程度の言葉しか返すことができなかった。

「好き」という感覚がわからない

コンドームメーカーの相模ゴム工業が2018年に全国の20～60代の男女に調査をしたところ、男性85・8％、女性91・2％が「セックスの経験がある」と答えている（サンプル数2万4522人）。初体験の年齢は男女全世代平均で20・3歳だが、低年齢化しているという（同1万4100人）。なお、未経験者のうち、男性67・0％、女性33・7％が真衣さんのように「経験したいと思う」と答えていた（同2830人）。

真衣さんは、インターネットで同じ悩みを持つ人々を探してみた。すると、「処女を卒業させてくれる」業者やサイトがあることを発見した。真衣さんが見つけたのは、交通費とホテル代のみ女性が支払うというシステムだった。私が探してみると、確かにそういうところは何件か見つかった。しかし、

「それぞれのサイトの口コミとかも、いろいろ調べてみたんですね。できた人とできない人の割合は大体半々でした。でも、ネットで知り合った人といきなりホテルに……っていうのが、私にはどうしても怖くてやめちゃったんです。女性専用風俗で試すっていうのも

抵抗があるし……」

真衣さんは、2年前から東京近郊のコールセンターで働き始めた。声がきれいで耳に心地よい話し方をする真衣さんにピッタリの仕事だ。

職場は女性が大半で個人作業なので、喋る仕事でも働いている人との交流はない。休憩時間もバラバラで、もともと飲み会もなかったところに、コロナ禍で余計に職場の人との交流がなくなってしまった。さらに、真衣さんはお酒が飲めないので、1人でも飲むところへ行く機会がなく、余計に男性から縁遠くなった。しかも引っ越しをし、郊外にあるシェアハウスで、家賃5万円、4畳半暮らしをしている。

真衣さんの休日について尋ねると、

「ずっと寝てます。寝るか、ご飯の作り置きをするか、掃除とか家事をするか……。外へ遊びに出かけることはほとんどないですね」

はたして地味な答えが返ってきた。出逢いを求めて、週末に一生懸命婚活をしている人も多くいるのだが。

「私、人見知りなのもあって、初対面の人とうまく話せなくて……」

それでも真衣さんはずっと、接客の仕事をしてきた。ただ、コロナ禍によって行動制限などが発生し、対面してコミュニケーションを取ることが苦手な人が増えてしまった。真衣さんもその1人なのかもしれないと私は思い直した。

真衣さんが個人的に「試し」でつきあってもらった最後の男性は40代で、1年前に別れている。

「『好き』という感覚が未だにわからないから、『つきあった』というのではないのかも。『できないかもしれない』って最初に断ってはいても、相手は皆、『自分ならできる』と思っているんですよね。でも、やっぱりできない。最後まで本当にできないって私みたいな人は、あまりいないと思うから、相手に申し訳なくて……。だから、できなかったあとはいつも口でするんです。申し訳ないので口でさせてもらうんですが、未だに慣れないです……」

真衣さんの声が小さくなっていった。本当はしたくないのだ。

「できない」という、うしろめたさ

12年間、30人ほどの男性と一生懸命試してみてもまったく進展がなかった――ということは、残された道は、真衣さんが心底惚れる男性に出逢うことではないだろうか。しかし、相思相愛になったら、どうしても肉体関係というものが、その先で待っている。愛する人が現れたとして、真衣さんはどうその時を迎えるつもりなのだろうか。

「できないってコンプレックスがあるので今は、積極的に彼氏を作らないようにしてるんです。でも、もし本当に好きな人に出逢えたら、最後までできるように、私、絶対頑張りたいです。これまで、これだけ人を替えてもうまくできなかったんだから『この人と結ばれたい！』と思える好きな人と出逢わない限り、もう難しいんじゃないかって思うようになってきたんです」

真衣さんは、小さくため息をついた。こんなに一生懸命やってもらって、そして真衣さん自身も真剣に前向きなのに、どうしてもできない。「できる」「できない」は、たとえば人生が変わるくらい、本当に大切なものなのだろうか。できないのなら、「しない」という選択もあると私は思うのだが。

「変わると思います」

即答だった。肩にかかっている真衣さんのロングヘアがはらりと揺れた。

「もしできたら、男性に対して私、もっと積極的になれると思うんです。今は『できない』といううしろめたさもあるので、男性に対して積極的に関われないし、たとえ（いいな）と思ってもアプローチできないんです。でもできるようになったら、いい人も自分で探せるようになれるんじゃないかなって思っています」

目の前に人参《エサ》をぶら下げられていても、それを取りに行けないストレスは、私の想像をはるかに超えているかもしれない。

家の外へ一歩出たら当たり前のように老若問わず異性は大勢いる。なのに、真衣さんの苦しみを解決してくれる男性は今のところいない。

「20代前半はよかったんですけど、20代後半に入ると、『できない』ってことで軽く引かれちゃうことが多かったように思います。『珍しいね』と、よく言われました。私の見た目は『経験がまったくない人』には見えないらしくて、意外がられることはよくありました。嘘じゃないかって、疑われることだってあったんですよ」

だから真衣さんは、何が何でも「意外でなく」なるよう、生理用品でも練習をしてみた。

「1、2回でしたけど、タンポンはギリギリ入りました。でも、正しい位置に入ってなかったみたいで、紐が切れて病院へ行って余計に怖くなりました。お風呂に入る時にも、指が入るかどうか試しに自分でやってみたりするんですが、せっかく指が入っても、1週間後には、痛くなって指が入らなくなっている。また最初に逆戻りして繰り返し、繰り返し。だから普段はあまり考えないようにしているんですね」

自ら「しない」と選択しているのでなく、「したい」のに真衣さんの場合は「できない」から苦しんでいる。

その苦しみは、こうして取材をしてみなければ、私には解《わか》らないことだった。かつて、食品アレルギーに対してまだ理解が薄かった頃、複数のアレルギー持ちの私は、よく人に「皆が普通に食べているものは食べれるように努力したほうがいいよ」と言われ、憤りを呑み込んできた。

「普通でない」と軽く言われてしまうことの苦しみはつらい。真衣さんの場合、人に言えない苦しみや、「皆と違う」だけでなく、異性との出逢い、結婚、出産にも影響してくる。あえて「しない」を選択しているのではなく、「したい」のに「できない」から苦しんでいるのだ。

「できる人、できない人がいてもいいんじゃないかって思うんですけど、世の中、できる人のほうが圧倒的に多いんです。皆、やってきてることなのに（なんで私だけ？　なんで私だけできないんだろう）って思いますよね。大前提として、ちゃんと挿入ができるようにならないと、結婚どころか恋愛だってできないんじゃないかと……」

できないと交際は続かない？

肉体関係なしの恋愛や結婚は成立しないものなのだろうか。他人事みたいだが、肉体関係のない夫婦も、この世には存在するはずと私は期待をしてしまう。すると真衣さんは、言葉を選びながら、

「今まで、そういうことをしなくてもいいって人と出逢ったことがないので、今のところは必要なんじゃないかと思うんです。私ができなかったら、相手は欲求処理のために他の

人のところに行く可能性があるでしょう？　そうなると、やっぱりちゃんとできるようになったほうがいいと思いますし」

慎重な口調で言った。でも、セックスレス夫婦はいっぱいいる——。

「結婚してからやらなくなるのと、交際する前からできないのは違うと思うんです」

穏やかな口調で否定をされてしまった。確かに真衣さんの言う通りだ。それでも私は、質問を続けた。セックスがすべてではないはずだ。何か光の差す答えは出てこないものだろうか……。

「できないと、交際は続いていかない？」

私の質問に真衣さんは、ちょっと考えてから、

「（続かない）と、思います」

と、アナウンサーのようにはっきり言った。

「（セックスは）必要だと思います。できないからって、他の女に逃げられるのはイヤです。悲しいですよね。できないからって、他の女に求められるのはやっぱり……。でも性欲処理しなきゃいけないものだそうだから、しょうがないことなのかな。もし、この先、

好きな人が現れて、できないためにその人が他の女に逃げたとしたら、やっぱり私が悪いんだと思っちゃいます」

しかし、身体問題が原因でできないけれども、幸せな夫婦関係や恋人関係を築いている人たちも多く存在する。

「私は、やろうと思えばできる体だと思っているので。そういうことをしなくていいって人を見つけるほうが難しいから、私が、ちゃんと挿入できるようになったほうが解決は早いと思うんです」

真衣さんはあと10年くらい、こういう努力を続けたいと思っている。それは「産みたい」という将来への憧れもあるからだ。医療が進み、人工授精という方法も考えられるが、まずは「できる」ことが前提となる。人工授精なども、指どころか器具を挿入されたり通院したりと、けっして楽なことではない。もし、タイムリミットの10年が過ぎてしまったら、真衣さんは、どうするつもりなのだろう。

「契約結婚……。ビジネス的なカンジがしますけど、もしこのままできなかったら、そういうのもありなのかな？　って思います。私、ゲイの人と結婚するってことに憧れがあるんです」

とはいえ、最近は同性同士の権利が認められるようになってきたので、憧れのゲイ男性との結婚も難しくなった。真衣さんにとって、ますます選択の間口《まぐち》が狭くなってきてしまった。

真衣さんは、他の女に逃げられるのは嫌だと嫉妬している。ならば、真衣さんには性欲というものが存在するということなのだろうか。挿入の練習をしているうちに男の人の体が欲しくなったり、欲求不満になることはなかったのだろうか。

尋ねてみると、真衣さんは「ない」と軽く言い切った。

「苦痛だけで、その良さを知らないから、『したい』って思うこともないんです。そういうAVを観た時に、（自分ができたら、こんなカンジなのかな？）と夢見たことがあるんですが、その気持ち良さが想像できないんです。電車のなかや、混んでるお店のなかで、（ここにいる皆ができてるんだから、私だって）と思うことがあるんですけどね。できてる人たちとできない私とどう違うんだろう……。世の中にセックスというものがなければ、こんなに悩まなくてもすむのに……」

そこまで悩んでも、真衣さんは男性のことがイヤになることはなかった。むしろ多くの「試し」に協力してくれた男性たちによって、男性観が変わったそうだ。

「自分が思ってたほど、やりたがる男の人ばっかりじゃないんだな、話せばちゃんと理解してくれる人もいるんだなってわかったんです。私はできることが当たり前と思ってる男性ばっかりと思ってましたけど、印象がいいほうに変わりました」

しかし、相手が真衣さんでなく自分の彼女や妻にしたい女性だったら、協力してくれた男性たちは、どう出ただろうか……。疑問は残ったが、私は真衣さんに言えなかった。

意識のない間にすませてほしい

真衣さんは日々悩みながらも、けっして「できない」と悲愴な毎日を送っているわけではない。実は、真衣さんには秘密の楽しみがある。A.B.C-Zと嵐《あらし》の追っかけである。

「全公演に行ってました。松本潤《まつもとじゅん》君が好き。あ、それはただの憧れで、つきあいたいとか結婚したいとか、男性的に見たことは1回もないんですよ。ただ歌って踊ってるアイドルとしての姿を見たいだけ」

なんと17歳の時から、嵐の追っかけをしていたという。実家に毎月5万円以上の仕送りをしているので、いつも最短・最安値で行けるルートで追っかけをしてきた。ストレスが溜まるので、追っかけ仲間はいない。追っかけ同士の友達もいない。そういう単独追っかけも少なくないようだ。

「だから、ひたすら働きます」

真衣さんの顔に生気《せいき》が戻ってきた。よっぽど好きらしい。話し方にも力がこもっている。追っかけをしている時は、「できない」ことを心配しないですむ。しかし、嵐は解散した。松本潤さんがコンサートをしない限り、もう追っかけはできない。

「追っかけをやめちゃうとストレスが溜まっちゃう……。追っかけは今の私にとって、生きがいみたいなものです。でも、いつかやめなきゃいけない。結婚してもやってる人はいるけど、いつか私にはやめる時が来る。やめた時に、このまま（挿入が）できないままだったら、私はどうなるんだろう。焦りが出ると思うんです。このままずーっと追っかけだけやって死んでいけるならいいんですけど、そういうものじゃないので、将来を考えるとやっぱり不安なんです。家庭を持つことも、持てたとしても人とうまく暮らしていけるのかな……ってとこも……」

真衣さんの盛り上がっていた声がだんだんしぼんできた。好きという感覚も、断り方もよくわからない真衣さんは、もしこの先、「好き」と男性から告白されたら、その人と「つきあう」つもりでいる。しかしそのあとに、真衣さんの場合は楽しい恋愛というよりも、重大な乗り越えるべき壁が待っている。

「寝てる間というか、意識のない間にして、すませてもらいたいですね。意識があるから怖いんだと思うんです」

と、笑ってごまかす真衣さんだが、目は笑っていなかった。そんなに「する」ことがストレスならば、いっそ「できる」「できない」を忘れて、追っかけと仕事に専念した人生を歩んでいってもいいのではないかと私は思った。

そのためには、将来設計のひとつである「出産する」ことをあきらめなくてはいけないかもしれない。でも、人は何もかも自分の欲しいものを手にすることはできないのだから、今手に入る楽しいことを選択していたほうが、自分らしい生き方ができると思うのだが。そして何十年後かには、セックス抜きのいい「茶飲み友だち」がきっとできているはずだ。

しかし、まだ「できる日のために」悩み、頑張っている32歳の真衣さんに、それを言うのは酷な気がした。私は言葉を呑み込み、真衣さんに笑顔を向けた。彼女ならきっといつか「できる」「できない」から解放されて、自分らしい人生を見つけられるに違いない。

第九章

敦子さん

——恋愛も性も、私には必要ない

アロマンティック、アセクシュアル

敦子《あつこ》さん（仮名、31歳）はSNS上で、ぽにお（アカウント名）として「アロマンティック」「アセクシュアル」であると自己紹介している。私は、ぽにおさんに出逢うまで、二つの言葉をまったく知らなかった。

アロマンティックとは、「romantic」に打ち消しの意味を持つAを加えた言葉で、他者に恋愛感情を抱かないセクシュアリティのことを言う。アセクシュアルとは、「sexual」に打ち消しの意味を持つAを加えた言葉で、人に対して恋愛感情は抱けるものの、性的欲求を抱くことが少ないか、まったくないセクシュアリティの人のことを言う。

ぽにおさんの場合は、アロマンティックでアセクシュアルなので、恋愛感情も性的欲求も人に対して抱かない特長を持った人ということになる。

ぽにおさんが、自分の特長に名前がついていることをはじめて知ったのは、今回の取材日より1年半ほど前のことだった。当時、東京・原宿《はらじゅく》の有名美容院に勤める美容師だったぽにおさんはコロナ禍の最中、香港《ホンコン》の支店に半年間の新人研修で行っていた。研修を修了して日本に帰国したが、国が定めた感染拡大防止対策として2週間のホテル待機をしなければならなかった。その期間に30歳の誕生日を迎えた。それを機にぽにおさんは、「楽しい成分が2割で、つらい成分が8割だった」と自ら言う人生を振り返ってみた。

「この歳になるまで、誰も好きになったことがないっていう人のことは全然聞かないし、何なんだろうと検索してみたんです。そうしたら、アロマンティックとかアセクシュアルって特長を持つ人が世の中に1％近くいますと出てきて、（これ私のことだ！　私はこれだったんだ！）って発見したんです。今まで心のどこかで（私はおかしいんじゃないか）って思ってたなかで、（これでいいんだ。そういう特長の人なんだ！）ってようやく自分を肯定できたんです」

ぽにおさんは低めの声で、ここまで一気に言った。自分の心身の特長に気づくのに30年もかかったということになる。長い年月だ。

「長年の謎が解けた！　という気持ちでした。自分の特長に名前がついているとわかり、ようやく腑に落ちました。自認したから、どうってわけじゃない。でも、すごい嬉しかったです」

ぽにおさんは、からめていた両手指に力を込めていた。右中指にオニキスの細い指輪、左中指には色違いの白い指輪が目を魅《ひ》く。前髪が長いショートヘアの下から左耳に4個、右耳に7個のピアスが光っていた。小柄で、グレイのパンツスーツがとても似合っているぽにおさんは、きれいな少年風、またはユニセックス風で、とてもかっこかわいい。

精神的DV

まずは「アロマンティック」「アセクシュアル」という言葉をSNSで発見するまでの、ぽにおさんの人生について聞いてみたいと思った。ぽにおさんの家族は60歳になる会社員の父親、2歳年下の子育てに情熱を傾けすぎて今は気が抜けたままになっている母親、そしてエステティシャンで実家に同居している2歳年下の妹がいる。ぽにおさんは、「コロナ・ホテル待機」が解けて以来、実家を出てひとり暮らしをしていた。現在、ぽにおさんは美容師をやめ、アルバイト生活を経て、神奈川県下で会社員をしている。

結婚はしない、子供に興味はない、と即答できるぽにおさんの少女時代はどんなだったのだろうか。

「いろいろなことが気になる、気が小さくて繊細な子供でした」

キリッとした涼しい目で私を見つめながら、子供時代の親との関係について話し始めた。

「同世代の子がいっぱいいるところへ入っていくのを嫌がると、親に怒られました。まず親に『イヤ』とか『苦手』とか『失敗』とかを認めてもらえなくて、怒られるんです。常に気が休まらなくて……。暴力を受けたり、食べさせてもらえなかったりの虐待ではなくて、精神的な締め付けを受けながら、『死にたい』願望を持っていた子供時代でした。それもDVだと自覚のないまま、大人になってしまいました」

その精神的な締め付けも、今はDVのひとつになっている。精神的な虐待をDVと認識できなかったのも、子供なら当たり前のことだ。それを知らなかったぽにおさんは、誰にも相談せず、ずっと1人で苦しんできた。

「今の精神状態で生きてるのって異常なことなんだって、30歳過ぎてやっと気づきました。恋愛に興味が持てないのも、もしかしたらそれが一因かもしれない。なんか生きるのに精いっぱいで、チャンスがあるならいつでもやめたいぐらい……」

ここでぽにおさんは話を切り、大きなため息をひとつついた。先刻、「つらい成分が8

割」と、ぽにおさんが言った意味がすこしわかった気がした。

同級生とつきあってみたが……

両親との関係から解放されるためにも早く自立したかったのだろう。ぽにおさんは進学率の高い公立高校に入学してからすぐに将来のことを考え、迷い始めた。ところで、男女共学の高校なら、たとえ進学のことで悩んでいたとしても、恋は別モノ。とても身近だったと想像できるのだが……?

「高1の時、1回だけクラスの男の子とつきあってみました。彼のこと、好きになったわけじゃないんです。地味な高校だったけど、周りでつきあっている子たちが楽しそうにしてるから、私もつきあってみたら楽しいかな? と思って、『つきあいたいです』って、相手から告白された時、おつきあいしてみようってことにしたんです」

確かに、恋がうまくいっている人は端《はた》から見ると、とても楽しく毎日が充実しているように見える。

妹のほうが恋愛については進んでいた。ぽにおさんは彼女にだけ「どうしたらいいんだろう」と相談したそうだが、いずれにしても「私のなかで、そんなに心が大きく動くことじゃなかった」と、表情を変えず淡々とその時のことを言った。

告白してきた同級生は体がいかつく、姿形は西郷隆盛《さいごうたかもり》系なのに、部活は文化部という穏やかな男子だった。いっぽう、弓道部のぽにおさんは毎日遅くまでの練習だけでなく、土曜日まで練習で、休みは日曜日しかない。その日曜日に、彼ができたため、周りの子たちと同じようにデートをしなくてはいけなくなった。

「彼氏いないの？」

と、時々聞いてきた母親は、ぽにおさんが「彼氏できた」と答えた時、ちょっと嬉しそうにしていたという。だから日曜日にデートに出かけても、特におとがめはなかった。

デートができて夢心地の彼は、消極的なぽにおさんのためにいつもデートコースを考え、ニコニコ顔でやって来た。ある日曜日、彼はぽにおさんを地元に呼んで街案内をした。ジモティー（地元民）を強調するためか、おしゃれのつもりなのか、彼は甚平《じんべい》姿で現れたという。

「買い物したりお昼食べたり……でもあんまり詳しく覚えていないんです。ただ、お祭りでもないのに、なんで彼が甚平を着てきたんだろう……って衝撃だけは覚えてました」

ぽにおさんは、フッとここで力を抜いて笑った。

「手は？」

と尋ねると、

「買い物してる時に、彼のほうから。つきあってるということは手をつなぐんだよなって思いながら、私はその手をつなぎました。何とも思わなかったです。そこから先はない。そんな雰囲気もない。私、小さい時から手をつなぐって好きじゃなかったんです。夏だったし手汗がちょっと気持ち悪いし」

ぽにおさんはそこでもう一度、フッと息を吐き捨てるように小さく笑った。美容師にふさわしい、しなやかな両指はからめたままだった。まだ緊張しているのかもしれない。

結局は、交際期間数ヵ月で、夏休み中に別れることになってしまう。

「まず、私がしんどくなったんです。私は休みが日曜日しかないのに、毎週日曜日会おうってなってしまったのが、すごくしんどくて。自分の時間がなくなったのが耐えられなかったんです。会って楽しいかと言えば、そういうわけでもないし、学校を出たところで待ち合わせして一緒に帰るトコを人に見られるのもイヤだったし……。皆にも彼のこと言ってなかったから、私から『別れよう』って」

その時、彼は別れに同意をしたものの、のちにぽにおさんに「結婚したいと思ってたのに」と未練たらたらの長文メールを送ってきた。

「幼稚園で『○○ちゃんと結婚する』と、軽々しく言うのと同じなのかな？……って」

ぽにおさんは淡々と言って苦笑した。10代は女子のほうが早く大人に近づくというが、精神年齢の違いが大きかったようだ。

結局は巷《ちまた》の楽しそうなカップルと違い、ぽにおさんにとって忙しいだけの交際は数ヵ月間で終わってしまった。興味がないのだから、忙しいだけではただ疲れるだけだ、と私は思った。

「高校ではそれっきり」

ぽにおさんはさっぱりと言った。それで「高校恋物語」は終わってしまった。

恋人オプション

ぽにおさんは高校生の時から、美容師になるか、好きな語学の勉強を取るか迷っていた。結局は「大学は出ておけ」と言う親の勧めで、私立大学の英語科に入学した。学費は父親が出してくれた。では、大学では「恋」のほうはどうだったのだろうか。

「卒業生の男女で定期的に集まるグループができて、そのなかにいた同じ弓道部だった人から20歳の時、告白されて、つきあって……」

高校時代、その彼は同じ部内に彼女がいたし、ぽにおさんのほうもクラスメイトで同じ部活でも、彼のみならず異性というものにまったく興味が湧かなかった。それでつきあってみて、大学生の恋人はどうだったのだろうか。ぽにおさんは前方を見て、すこし考えてから話し始めた。

「ん……。つきあってみたら、めんどくさいことが増えたなって……。友達でいる時は楽しかったのに、彼女になったら『恋人オプション』として求められることがいろいろめんどくさいし、しんどいなぁって思って」

恋人オプション？　友達から彼女になると、恋人としてやらなくてはいけないことが増えるということなのか？　これまで気にも留めたことはなかったと、私は今さらながら気がついた。

「つきあって3ヵ月経った時に、『今日、3ヵ月記念日だね』ってメールが来て、(え⁉ スパンが短い!)って、気が重くなりました。私は一時《いっとき》、フリルが付いたかわいい服にはまった時期があって、それを着ていったら『いつもの感じ(カジュアル)のほうがよかった』って言われちゃったし。つきあってるからって、そんなことまで口出ししてくる権限なんかないと思って、会うたび消費するエネルギーが爆《ばく》上がりしちゃったんですよね」

ぽにおさんは目を細めて屈託なく笑った。私も(合わない人とつきあうには確かにエネルギーがいる)と、言い得て妙で笑った。笑顔がかわいい。笑いついでに進展について尋ねると、ぽにおさんも笑いながら、

「キスはした。手もつないだ。腕も組んだかもしれないです。その先はない」

以前と同じ言葉で締めくくった。その先まで誘われることはなかったという。彼はぽにおさんが乗り気でないことに気づいていたのか、わかっていたのか、遠慮していたのではないだろうか。なぜなら、あんなに面白い「シルク・ドゥ・ソレイユ」を2人で観に行っ

て、ぽにおさんはずーっと隣で寝てしまっていたというのだから。

「私は大学時代、けっこう多忙だったんですよ。2時間かけて大学へ行って、夜12時までTSUTAYAで週4バイトして、大学の課題もけっこうあって、常に寝不足。どっかに泊まりに行くとか、大がかりな外出にも誘われなかったし、いつも夕方に解散。ラインも通話も私はあんまりしなかった。彼からは日記みたいな他愛もないことがたびたび来たけど、私が乗り気じゃないのを何となくわかってくれてたのかな？　何を返信したらいいかわからなかったし。でも、優しい人でした」

ぽにおさんはすこし照れて下を向いたが、あの時は彼の優しさに気づきもしなかったのではないかと私は思った。もっとも、気づいていたとしても、ぽにおさんのしんどい気持ちは変わらない。

「キスは何とも思わなかった」と、言ってのけるぽにおさんのほうからまた「つきあうのはやめよう」と言い出した。彼はよくあるように、

「他に好きな人ができたの？」

と聞いてきた。ぽにおさんは、

「いや、違うけど……」

と、まず答えた。

「会ってる時、会話を途切れさせないようにしようとしてくれていたのか、彼が日記を読むようにずーっと話をしちゃうんです。それをずーっと聞かされてると私、けっこう疲れちゃって。それで、『今のようにたびたび会ったり、そういう長い話をずーっとされるのはしんどすぎるから別れよう』って、私から言ったんです」

相変わらず、主導権はぽにおさんにあった。かわいそうに、彼の頑張りがかえって無駄になってしまった。

「それから彼は?」と尋ねると、

「もう何もなく」

私たちは同時に笑顔を向け合った、彼に悪いと思いながらも。

恋をしている人って宇宙人みたい

その頃から、ぽにおさんは自分の心と体の特長に気づき始めた。テレビでは、いつの時代も恋愛ドラマが大きな支持を得ている。家でも家族は恋愛ドラマが好きで、いつも熱心に観ていた。ぽにおさんは恋愛ドラマを時折「流し見」することはあっても、

「不思議な人たち。恋愛ってはまると、こうなっちゃうんだな……って想像するしか私にはできないんですが、泣いたり、笑ったり……恋をするとそういうものなんだろうなと認識はあっても、当事者になったことがないので、やっぱり私にとって、不思議な人たち。宇宙人みたいな……」

と、言ってから、

「宇宙人は、私のほうかもしれないです」

苦笑しながら言い直した。

さて、彼氏のいないぽにおさんのことを大学の同級生たちは、どんな目で見ていたのだろうか。ぽにおさんの特長を自分自身に認識させる興味深いできごとが起こっている。その時の様子を、ぽにおさんは次のようにツイッターにも残している。

「みんな彼氏や彼女いるの？　という話題になって、私が『いないし、なんか興味ないんだよね。欲しくもない』って言ったら、1人の女子大生に、『じゃあ、セフレ（セックス

フレンド）でいいんだ？』と言われた。その人の中では、恋愛を抜いたら性欲が残るという考えに至ったんだろうけど、それすら求めてなくて、どちらの欲も持っていない私は、本当に混乱した」

今、その場面を振り返ってぽにおさんは、

「だいぶ失礼なこと、言われてましたね」

と、笑い飛ばしたが、その笑みはすぐに消えていた。

「セックスありきが、その人にとっての普通だった。でも、彼氏がいないことが私の普通。それに対して、劣等感を感じたことは一度もなかった。実際に男性とつきあってみて、私には必要のない要素なんだって実感したんです。その結果、日本社会のほうに目が向きました」

つまりは、結婚して家庭を持ち子供が生まれて……ということが普通とされている日本の社会に対してである。まして今は、少子化対策が国会でも一番に取り上げられ、ぽにおさんのような特長を持つ人々や結婚や出産を選択しない人々が、ますます置き去られようとしている。現に私は、ぽにおさんに会うまでは、アロマンティック、アセクシュアルという言葉すら知らなかった。

「結婚や出産ありきのロールモデルしか、この世の中になかったりするんですよね。(夫でなく)彼氏の段階でさえも私がつらいということは、1人で生きていくほうが幸せって、2人目の彼氏と別れた時、結論に至ったんです。じゃあ、どうやって生きてくかって考えたら、お手本がない! なんでこんなに結婚と出産をしない人への選択肢がないんだろうって……。ならば、どこで何をしててもお金が稼げる手段が必要。だから技術を取得しておくべきなんじゃないかって、大学を卒業してから美容師を目指したんです」

心と体がバラバラに

美容師の専門学校を卒業後、最初に就職した美容院は、実家のある県下の店だった。ところが「あまりにも空気が合わず」、都内の一等地、原宿・表参道《おもてさんどう》の美容院激戦区で働くことにした。

しかし、店を替わっても替わっても「ひどい待遇」は続く。海外にも支店のある有名な店に勤めたこともあった。半年間の香港研修は、ぽにおさんの語学力も活《い》かせて、楽しく技術を磨くことができた。

ところが、日本の店に戻ると、スタイリストは10人以上、アシスタントも7～8人いて、いつも仕事の取り合い。あまりに殺伐としていて、ぽにおさんは心労から食事もできなくなってしまった。

帰国後わずか2週間で退職し、表参道の小さな店に転職した。そこでは、オーナーから立ち方、服装、体型まで、やることなすこと、ついには容姿まで、3ヵ月間すべて否定され続けた挙句に、「ちょっとうちでは無理」と言われて解雇されてしまった。

「美容院ではお客さんがいると、喋っていない時間のほうが少ないくらい喋ってないといけないし、閉店してからもスキルアップのための自主トレーニング。給料は国家資格を取ったわりには手取りが20万円もいかない。それに、美容師の仕事をやってみて、自分をきれいにするのは好きだけど、人の外見にあまり興味が持てないってことに気がついたんです。これでは、どう頑張っても極めることはできないし、外国語ができるってことも活かされるのは難しいとわかって、どうせ活かせないなら、本当にやりたいほうへ行くべきなんじゃないかって……」

すでに、ぽにおさんの心と体はバラバラになっていた。激戦区中の激戦区、原宿・表参道なのだから、生き残るには、華やかな世界の裏側で繰り広げられている壮絶な闘いに時として勝たなければならない。真面目で常に先を見つめるぽにおさんだからこそ、あえて大変な激戦区に足を踏み入れたのだろう。しかし親には、専門学校の学費をしぶしぶ出してもらった手前、美容師の道をあきらめたことを1年ぐらい言えなかったそうだ。

「美容院は仕事に取られる時間とエネルギーがすごくて……。最後は、ここから離れられるなら、もうどうでもいいやって思ってしまいました」

私、生きててもいいのかもしれない

こうして、美容師の仕事から離れたものの、問題はあった。香港から帰ってすぐ、ぽにおさんは実家を出てひとり暮らしを始めていたため、家賃のためにも働かなくてはいけない。しかし、美容師という仕事ですっかり人疲れし、鬱に近い状態に陥っていた。そこで、ぽにおさんは自分のスキルを活かさなくてすむ、これまでと真逆の仕事に就いてみた。それは、アマゾンの倉庫で箱詰めをする派遣のアルバイトだった。

「週4日、決まった時間分だけ働いて、時間きっちりに帰れて、美容師の時よりちょっと高い手取り。そこには、危害を加えてくる存在がまったくないという状態が完成していたんです」

実は、ひとり暮らしを始めたばかりだったぽにおさんは、すべてを処分して富士《ふじ》の樹海、（青木ヶ原《あおきはら》）にでも行こうかと『完全自殺マニュアル』という本まで買って、密《ひそ》かに準備を進めていた。ところが計算をしてみると、家財を処分するにもいろいろとお金がかかることがわかり、自死するための資金を貯めるために、アマゾンでのバイトを始めたのだという。それほどまでに美容院勤めでのストレスが溜まっていたのだ。

それにしても、自死をする前に家財を処分する費用を見積もるところなど、いかにもぽにおさんらしい。その几帳面《きちょうめん》な性格のおかげで、自死をせずに乗り越えることができたのだ。

「仕事先では作業を親切に教えてくれたし、こちらが誠実に仕事さえしていれば、『すごいいいじゃないですか。今度はこっちの仕事もやってみませんか？』って新しい作業も教えてくれたりして、（あ、私、生きててもいいのかもしれない）と思えたんです。その頃はもう、(これだけ苦労するんだったら、生んでほしくなかった)って思ってたくらい、堕《お》ちるところまで堕ちていましたから」

否定をされ続けると、自分はこの世にいていいのだろうかと、自分で自分を否定するようになり、消えたくなる。その気持ちは、十分に私には理解できた。なぜなら、私も否定され続けて育てられたからだ。

新しい職場は、ぽにおさんを肯定し、見捨てなかった。しかも、ドン底まで堕ちていた心をすこしずつすこしずつ上に引き上げていってもくれた。

「人と接しない仕事がすごく性《しょう》に合っていて、だんだん心が安定していきました。体も丈夫だし、真面目に無遅刻・無欠勤で働いていたら、1年後に人材派遣会社が『スタッフ管理の社員が足らないからどう?』って声をかけてくれて、今の会社に就職したんです。このご時勢で社員になれるなんて、ありがたいこと」

私がぽにおさんに取材で会ったのは、今の会社に就職して7ヵ月後だった。社員は50人弱。電話は多いが、美容師時代のように直接、人と話し続けなくてはいけないこともなく、手取りも美容師時代より高くて、20万円程度。入社したばかりなのでまだわからないと言うが、ボーナスも出る可能性がある。

「美容室でお客さんと接することを学べて、喋ることが得意になれました。人間関係が築けるようになったのは、すごく大きな財産だなって思うんです。友達を作るのも得意になったし。それが今の仕事につながっているので、美容院で働いていたことは後悔をしていないです」

ぽにおさんの柔和な表情が、今の穏やかな生活を語っていた。私はホッとした。

結婚という選択肢は取らない

とはいえ、ひとりで生きていくために、この居心地よさに甘んじることなく、ステップアップを考えているのが、ぽにおさんである。

「今の会社はたぶん、数年でやめますね」

あっけないほど、サラリと言ってのけた。

「不動産鑑定士の資格を取りたいと思っているんです。難関資格なので、勉強して頑張っても2、3年はかかるかもしれない。でも合格できたら、事務所を構えて不動産のほうで極めていこう、それまでは今の会社に勤めようと設計を立ててるんです」

しっかりとした将来設計だ。頑張り屋さんのぽにおさんのことだ、きっと実現できると私は確信した。では、もうひとつのほう——アロマンティック、アセクシュアルとしての将来についても聞いておきたい。ぽにおさんなら、しっかりした考えを持っていることだろう。まずは「結婚」について尋ねてみた。

「ないですね」

即答だった。

「そもそも、人が私の生活に入ってくることが無理なんですね。実家で家族と暮らすこともちょっときつかったくらい。他人《ひと》と生活を共にするイメージが湧かなくて、その選択肢(結婚)は取らないって思いますね。ただ、戸籍上は1人でも、孤立したまんまで老後までってイメージにはならないんじゃないかって思うんです。結婚してない=孤独ってイメージが世の中にはあるけれども」

確かに、孤独と孤立とは意味が違う。日本の一般的な考え方で世の中がいくら変わりつつあっても、「結婚」や「出産」が普通のこととされている。それを選択しない人々に対しては、納税や新型コロナウイルスの補助金などと同様に不平等で、ケアのほうが置き去りにされてきたように私は感じている。

「独身だからって、楽しく老後を送れないって悲観的なことはまったく思ってないです。結婚しなくても楽しい人生は実現します。ツイッターで『結婚するよりマンションを買ってネコと暮らすのが夢』と言う人も少なくないですが、私がネコを飼って育てることは、現実的じゃないと思うんですね。ネコの具合が悪くなったら、仕事を休んですぐ病院へ連れて行ったり……それができないと幸せになれないって思っちゃうと、私の場合、ネコでも同居は難しいかもしれないです。パーソナルスペースにままならないものが存在することが、これまたストレスになるので、ネコに会いたい時は猫カフェに行ったり、動画を観たり……」

ぽにおさんの言う通り、ネコにも人格ならぬ猫格があり、自分の思い通りに同居生活をしてくれるわけではない。私のウチにはネコが代々いるが、大事なネコの命を預かって共生していくためには、生活の中で犠牲にしなくてはいけないことや時間なども多々あるというわけで、

「お子さんは？」という私の質問に対しても、

「産みたくないですね」

ぽにおさんは即答した。養子という選択肢もあるが、

「ないですね」

毅然として答える。

「それは、私自身がこの世に生まれてよかったと思っていないからです。まずい食べ物って、人に絶対勧めないですよね？　それと一緒で、もし私が（生まれてよかった）と思っていれば、幸せな子をこの世に生み出したいと思うでしょうけど、思えないんですよね、つらいことの割合のほうが多すぎて……。早めに死ねたらいいのになぁって、ずっと思いながら生きてきたので」

そう言えてしまうのは、ぽにおさんの家族にも起因するのだろうか。

「父親がモラハラ的でした。だから、男の人は道理が通らないとか、自己主張が激しいとか、私を抑えつけるものが潜在意識にあったりするんです。それに、父と母を見てててもあんまり幸せそうに見えなかったんですね。それでも両親は、父親になりたい、母親になり

たいっていう願望だけは叶えられたと思いますよ。２人とも世間体を気にするほうなので……」

女性であるだけで生じる危険

温かい家庭を私は勝手に想像していたが、モラハラもあり、ぽにおさんは子供時代を生きにくく過ごしてきた。そういう経験のあるぽにおさんにとって男性は、どんな存在なのだろうか。

「生き物……」

と答えてから、涼しげな目を和《なご》ませた。

「美容師をやって4年目のまだ実家にいた頃、帰り道、飲み屋から出てきた男に、いきなりガバッてこられたんです。怖いです。逃げて、逃げたあとに通報して、相手は逮捕されたんですが、その後、夜道を歩いていると、うしろから来るんじゃないかって、怖くて催涙スプレーをしばらく持ってました」

私は、レイプをされたことのある女性何人かに別の取材で出会ったことがあるが、皆、

「すぐうしろに人がいると怖い」と言っていた。以前に何度か後《あと》をつけられたことのある私も、すぐうしろに歩いている人がいたり、足音が近づいてきたら昼間でも警戒してしまう。ぽにおさんは、痴漢にまで遭《あ》ったことがある。

「男性は大柄で、声が大きかったり暴力的だったりすることが、女性よりは多いですよね。私の場合、そういうこと（暴漢）があって、余計に男性は近づきたくない、ただの他者みたいに思えてくるんです。女性であるだけで可能性のある危険ってあるんだなと思って。もちろん、そういう人ばっかりじゃないって、わかってるんですけど……」

聞いているうち、ぽにおさんには、身も心も傷つけられることが人よりすこし多いように私には思えてきた。

中学2年生の時、同じクラスの女子たちから『なんかあいつ気にくわない』という理由だけで、突然いじめに遭っている。親はいじめを知っても、見て見ぬふりで、やりすごす。子供の時から真面目で責任感が強かったぽにおさんは、それでも学校へ行き、皆勤賞をもらっている。だから同級生が、余計に気に食わなかったかもしれない。

美容師になってからも、せっかく原宿の激戦区の美容室に就職できたというのに、「イジメられに行ってただけ」という結果に。アロマンティックでアセクシュアルという特長からか、まっすぐな性格からか、異性に泣きついて助けてもらったりとか、作為的に弱さを見せる術《すべ》も知らない。だから、余計に男性にとって癪《しやく》にさわり、美容院でもいじめられたのだろうか。

結婚したら幸せになれる?

しかし、恋というものは今がどんな状況であっても関係なく、予期せずして突然降りかかってくるものである。アロマンティックでアセクシュアルでも、恋が降りかかってくる可能性はゼロではないのではないか。

「たぶんないです」

私の言葉が終わるか終わらないかで、ぽにおさんは言った。

「もともと、そんなにモテないですし……」

ちょっと笑って、キリッとした表情を和《やわ》らげる。

「突然降りかかってこられても困りますしね」

その言葉につられて、私も笑っていた。

「物好きな人が現れるかもしれないですけど、なんかもう、そんなご縁もないんじゃないかな。『好き』って言われたところで、『そうなんですか？　ありがとうございます』って程度になっちゃう。でも、人の結婚式に出るのは好きなんですよ。大学時代の友人のうち4人が結婚して、結婚式で（よかったなー）（おめでとう）って心から思っていました」

よくあるように、式場で新郎の独身友人男性を紹介されることはない。アロマンティックとかアセクシュアルとかの意味はよく知らないけれども、友人たちは、結婚などに対して、あえてぽにおさんに何も言ってこないでいる。ただ、たまたま結婚式のブーケプルズ（複数のリボンの中から当たりのリボンを引いた人が花嫁からブーケをもらえる）に強制的に参加させられた時は、さすがにぽにおさんは困惑したそうだ。

「なんで独身だから『結婚したい前提』なんだろうと思うんです。『恋愛に興味あって当たり前』前提で、いろいろ言ってこられても私は興味がないんです。ツイッターでも『興味はなくても人生楽しいんだよ』って返信するんですが、『冷たい人』だとか『人として欠けている』って、心ないことを言われてしまった人もいるんですね。それで皆、『そうですね』なんてイライラしながらも雰囲気を悪くしないように、当たり障《さわ》りない言葉を返しているそうなんです」

結婚が当たり前で、まだアロマンティック、アセクシュアルという名前さえついていなかった時代にも、アロマンティックやアセクシュアルは存在したと言われている。名前がついていても認知されていないだけに自分の特長に気づかず、「感情は湧かないけど結婚はするものよね」と、無理に結婚している人も少なくない。現在はアロマンティック、アセクシュアルの人は成人の1％弱存在すると言われている。

電通が2020年に「LGBTQ＋調査2020」で全国20～59歳の計6万人に調査をしたところ、「自分がアセクシュアル・アロマンティックである」と自認している人は、0・81％だった。

また、2022年1月にNHKで放送された「よるドラ」の『恋せぬふたり』では、高《たか》橋一生《はしいっせい》さんと岸井《きしい》ゆきのさんが恋をしない2人の同居生活を演じて、共感を呼んだ。私は毎週観ていたが、ほんのりした恋に発展しそうな関係が築かれていくなか、高橋さんが「いや僕は……」と否定する場面があり、なぜ恋から逃げるのだろうと、ずっと心残りになっていた。このドラマの2人が、アロマンティック、アセクシュアルだったのかと、ぽにおさんの話を聞いて、ようやく私は結びつけることができた。ドラマを観た私でさえそのような低い認知具合なのだから、「知らない」という人は少なくないのではないだろうか。

「だから、めんどくさいという理由で婚活してるアロマンティック、アセクシュアルがいっぱいいるんです。偽装結婚みたいなことまでして。でも、うまくいっていない人が多いとSNSからわかります」

最近、ようやく日本でもさまざまな結婚スタイルが認められつつある。しかし、両者が納得できれば、結婚とか出産とかいう一般的な家庭スタイルにとらわれなくても、独自のスタイルを保てるのではないかと私は思うのだが、たとえば男性のパートナーという存在を持つことは、ぽにおさんにとってどうなのだろうか。

「それはないですね」

ぽにおさんは、きっぱりと即答した。

「自分で自分を幸せにできて、はじめてパートナーがいることに意味が生まれるんじゃないかって私は思うんですよ。だって『パートナーに幸せにしてもらいたい』って思ったら、『パートナーがいないことが幸せじゃない』って考えに固まっちゃいますから。依存というか、自分を幸せにすることを求めちゃうのって、すごい怖いことだなって思うんですね」

私は自分の質問が軽かったことを反省した。ぽにおさんの話を受け入れていたつもりなのに、やっぱり私は「恋愛が一般的」の前提に立っていた。

「私っていつも、いっぱいいっぱいで生きてるんで、たとえばパートナーとか結婚とか、人への関心と余裕がないんです。結婚となっても、自分はその責任を果たせないと思うんですね。だから『結婚したら幸せになれる』っていうこと自体が本当に疑問なんです」

人より結婚・離婚の数が多く、20年前、やっと人並みの結婚を四度目にしてできた私だが、「友達結婚」のような結婚であると私は思っている。結婚指輪は買ってもいない。2人とも、仕事道具を持つのに不便だからという理由からだが、指輪をしていない＝独身と見られやすい。それでも最近、ようやく○○でなくてはいけない、○○をしないと結婚ではないなど、皆と同じにしなくても結婚のスタイルを尊重してもらえる時代になってきたように思える。

同じ特長を持った人が迷子に

しかし、心のほうはどうだろうか。ぽにおさんの「責任」という言葉が胸に突き刺さる。それは、恋愛感情というものを誰もが持っていて、持てない人がいることを考えてもいなかったからだ。その恋愛感情が存在しないからこそ、理解されにくく、かといって自分はアロマンティックだ、アセクシュアルだと宣言できるほど認知されていないため、SNSでは今も多くの若い女性が悩んでいるそうだ。

「特に、20代前半の若い同じ特長を持った人が迷子になっています。『まだまだこの先のことはわからないでしょう?』とか『いい人に出逢ってないだけよ』とかが、言われる言葉ナンバー1です。そうなのかな……? 丸め込まれちゃって悩んでみたり……。『まだ(いい人に)会ってないだけだよ』は、私も散々言われてきました。美容師をやっていたので、人との出逢いって普通の人より多いんですけどね。でも、そういう問題じゃないんです」

20代と言えば、一般的にも結婚や恋愛に対して憧れの強い年代でもある。20代のアロマンティックやアセクシュアルの人もやっぱり憧れを抱いている人が多いと、ぽにおさんは言う。だからこそ、それは簡単にあきらめられるものではない。どこかで「自分はアロマンティックじゃなかった」という可能性を期待していたり、「誰かと一緒になって幸せになりたい憧れが捨てきれない」と言っている人も少なくない。また、結婚したら「恋愛感情は湧かないけど、1人の承認者を得たい」と欲求する人や、「唯一無二の法で認められたパートナーになれる」ということ自体に憧れている女性も存在する。

「私は、それには共感できないけれど」

ぽにおさんは、最後に一言付け加えた。

セクハラやモラハラになるので、最近は聞くのを控えるようになったが、ついこの間まででは、テレビ番組でも「なぜ結婚しないのか」がテーマに上げられ、ディスカッションされたりもしてきた。それくらい結婚しない人が世の中で「奇特な人」扱いをされてきた。ぽにおさんのような特長を持っていたら、なおさらである。

「なんで結婚しないの?」「なんで彼氏いないの?」――この余計なお世話的質問を、ぽにおさんたちはこれまでどれほど浴びてきたのだろうか。

「そういう時はいつも軽く流して、そこから距離を置くようにしてきました」

美容師時代は、仕事中に特に話題として上がったのではないだろうか。

「でも、私は人と会ったり喋ったりすることが嫌いなわけではないんですよ。ただエネルギーの浪費が激しいだけなんです。だから、1週間に1日は人と会わない日を作ってます。今回？　今日の取材は、ちゃんと調整して予定を入れていますから」

内心ハッと緊張した私に、ぽにおさんは穏やかな表情を向けた。優しい人だ。

フィルターなしで人を見れる

ではいったい、何に対してなら、ぽにおさんは興味を持てるのだろうか。私は、次々と言葉を挙げてみた。

「女性は？」

「男女、同じように関心がないです」

すぐに答えが返ってきた。

「性欲は？」

という質問に対しても、

「ないですね」

考える瞬間もなく、答えが返る。

性や恋への欲望や執着が強くて、前や周りが見えなくなっていたり、不倫などに突っ走ってしまっている人たちは、ぽにおさんの目にはいったいどう映っているのだろうか。

「別の生き物」

ぽにおさんは迷うことなく言った。そして続けた。

「何でそんなに欲するのかがわからないんです。経験がないからっていうのが大きいかもしれないんですが、私は1回でもしてみたいと思ったことがないんです。ましてや（恋やセックス）なしには生きていけないみたいなのは、本当に想像がつかないんですよね」

ぽにおさんの立ち位置からしたら、これは自然な答えになると私には理解できた。けれども私は、これまでアロマンティックという言葉さえ知らなかった。そして多くの人が未だ知らない。

「アロマンティックって性質です。背が高いとか低いとか、目が一重とか二重とかの要素と一緒で、特長のひとつなんです。ただ、アロマンティックやアセクシュアルという特長があるだけだと思うんです。それで人が冷たいかどうかとは関係ありません。恋愛が美化されすぎてるせいで、そういうイメージを持っている人が世の中には多いと、この特長のことを知ってから、私もわかりました。だから、こういう人がバリエーションとしているんですよってことだけでも広まればいいと私は思っていて……」

ぽにおさんは静かに微笑んでいたが、今日のエネルギーのすべてを使い切ったようで、疲れ果てさせてしまったかもしれない。

SNSの発達によって、ぽにおさんは自分と同じ特長を持つ人々と交流することができるようになった。

「今までできなかったことですし、すごい楽しいことではあるんですけど、生きることがつらいのには勝てないですね」

ものごとには表と裏、いいことと悪いことなど、背中合わせの二面性がある。ぽにおさんには、「ない」という共通の特長によって、SNSから人間関係が広がってはいるが、

「ない」ための苦しみも一生ついてくる。その苦しみは人の心のなかにあるので、外見から察することはできない。しかし、ぽにおさんはけっして自分の人生を「かわいそう」「損をしてる」などとマイナスには捉えていない。

「異性のことを『異性としてのフィルター』をまったく介さずに見られるのって才能なのかもしれない」

と、ぽにおさんはツイッターで発信している。アロマンティックでアセクシュアルのぽにおさんだからこそ言える言葉だと思った。

フィルターなしで人を見ることができるとは、どう見えるものなのだろうか。聞いているだけで興味が募り、ドキドキしてくる。アロマンティック、アセクシュアルといった特長だけでなく、ひとりひとりが個性を大切にし合い、もっと楽に生きていけるような社会に、早いスピードでどんどん変わっていってほしい。光の当たっていない世界や人に光を当てて取材をさせてもらっている私は、ぽにおさんに話を聞いたことによって、さらに強くそのことを望むようになった。

切りとり線

★読者のみなさまにお願い

この本をお読みになって、どんな感想をお持ちでしょうか。祥伝社のホームページから書評をお送りいただけたら、ありがたく存じます。今後の企画の参考にさせていただきます。また、次ページの原稿用紙を切り取り、左記まで郵送していただいても結構です。

お寄せいただいた書評は、ご了解のうえ新聞・雑誌などを通じて紹介させていただくこともあります。採用の場合は、特製図書カードを差しあげます。

なお、ご記入いただいたお名前、ご住所、ご連絡先等は、書評紹介の事前了解、謝礼のお届け以外の目的で利用することはありません。また、それらの情報を6カ月を越えて保管することもありません。

〒101-8701（お手紙は郵便番号だけで届きます）
祥伝社　新書編集部
電話03（3265）2310
祥伝社ブックレビュー　www.shodensha.co.jp/bookreview

★本書の購買動機（媒体名、あるいは○をつけてください）

＿＿＿＿新聞の広告を見て	＿＿＿＿誌の広告を見て	＿＿＿＿の書評を見て	＿＿＿＿の Web を見て	書店で見かけて	知人のすすめで

★100字書評……大人処女

名前

住所

年齢

職業

家田荘子　いえだ・しょうこ

作家、僧侶(高野山本山布教師)。日本大学芸術学部放送学科卒業、高野山大学大学院修士課程修了。女優など10以上の職業を経て作家に。1991年、『私を抱いてそしてキスして――エイズ患者と過した一年の壮絶記録』にて大宅壮一ノンフィクション賞受賞。執筆のほか、高野山奥之院や総本山金剛峯寺にて法話を行っている(不定期)。著書に、映画化された『極道の妻たち®』、『四国八十八ヵ所つなぎ遍路』、『少女犯罪』、『昼、介護職。夜、デリヘル嬢。』、『孤独という名の生き方』、『熟年婚活』など。YouTube「家田荘子ちゃんねる」配信中。

大人処女《おとなしよじよ》
――彼女《かのじよ》たちの選択《せんたく》には理由《りゆう》がある

家田荘子《いえだしようこ》

2023年8月10日　初版第1刷発行

発行者……………辻 浩明
発行所……………祥伝社しょうでんしゃ
〒101-8701　東京都千代田区神田神保町3-3
電話　03(3265)2081(販売部)
電話　03(3265)2310(編集部)
電話　03(3265)3622(業務部)
ホームページ　www.shodensha.co.jp

装丁者……………盛川和洋
印刷所……………萩原印刷
製本所……………ナショナル製本

Printed in Japan　ISBN978-4-396-11685-9　C0295

〈祥伝社新書〉
歴史に学ぶ

366
はじめて読む人のローマ史1200年
建国から西ローマ帝国の滅亡まで、この1冊でわかる！
東京大学名誉教授
本村凌二

168
ドイツ参謀本部　その栄光と終焉
組織とリーダーを考える名著。「史上最強」の組織はいかにして作られ、消滅したか
上智大学名誉教授
渡部昇一

379
国家の盛衰　3000年の歴史に学ぶ
覇権国家の興隆と衰退から、国家が生き残るための教訓を導き出す
渡部昇一
本村凌二

527
壬申の乱と関ヶ原の戦い　なぜ同じ場所で戦われたのか
「久しぶりに面白い歴史書を読んだ」磯田道史氏激賞
東京大学史料編纂所教授
本郷和人

565
乱と変の日本史
観応の擾乱、応仁の乱、本能寺の変……この国における「勝者の条件」を探る
本郷和人

〈祥伝社新書〉
歴史に学ぶ

〈祥伝社新書〉
経済を知る

111
超訳『資本論』
貧困も、バブルも、恐慌も――マルクスは『資本論』の中に書いていた！
神奈川大学教授 的場昭弘

153
超訳『資本論』第2巻
拡大再生産のメカニズム
形を変え、回転しながら、利潤を生みながら、増え続ける資本の正体に迫る
的場昭弘

154
超訳『資本論』第3巻 完結編
「資本主義」は、なぜ人々を不幸にするのか？
利子、信用、証券、恐慌、地代……資本主義の魔術をマルクスはどう解いたか
的場昭弘

390
退職金貧乏
定年後の「お金」の話
長生きとインフレに備える。すぐに始められる「運用マニュアル」つき！
経済評論家 塚崎公義

478
新富裕層の研究
日本経済を変える新たな仕組み
新富裕層はどのようにして生まれ、富《とみ》のルールはどう変わったのか
経済評論家 加谷珪一

〈祥伝社新書〉
医学・健康の最新情報

438
腸を鍛える
腸内細菌と腸内フローラ
腸内細菌と腸内フローラが人体に及ぼすしくみを解説、その実践法を紹介する
東京大学名誉教授
光岡知足

190
発達障害に気づかない大人たち
ADHD、アスペルガー症候群、学習障害……全部まとめて、この1冊でわかる
福島学院大学教授
星野仁彦

404
科学的根拠にもとづく最新がん予防法
氾濫する情報に振り回されないでください。正しい予防法を伝授!
国立がん研究センター
がん予防・検診研究センター長
津金昌一郎

597
120歳まで生きたいので、最先端医療を取材してみた
ミニ臓器、脳の再生、人工冬眠と寿命、最新がん治療……新技術があなたを救う
実業家
堀江貴文 著
予防医療普及協会 監修

627
糖尿病が怖いので、最新情報を取材してみた
最新治療法から予防法まで、わかりやすく解説。西アズナブル氏のマンガつき!
堀江貴文 著
予防医療普及協会 監修

〈祥伝社新書〉
令和・日本を読み解く

683
闇バイト 凶悪化する若者のリアル
犯罪社会学の専門家が当事者を取材。身近に潜む脅威を明らかにする
犯罪社会学者 廣末 登

622
老後レス社会 死ぬまで働かないと生活できない時代
「一億総活躍」の過酷な現実と悲惨な未来を描出する
朝日新聞特別取材班

676
どうする財源 貨幣論で読み解く税と財政の仕組み
「日本は財政破綻しませんし、増税の必要もありません。なぜなら――」
評論家 中野剛志

666
スタグフレーション 生活を直撃する経済危機
賃金が上がらず、物価だけが上昇するなか、いかにして生活を守るか
経済評論家 加谷珪一

652
2030年の東京
『未来の年表』著者と『空き家問題』著者が徹底対談。近未来を可視化する
作家、ジャーナリスト 河合雅司
不動産プロデューサー 牧野知弘